KB167720

아이디어 1퍼센트의 법칙

copyright ⓒ 2023, 백일승
이 책은 한국경제신문 한경BP가 발행한 것으로
본사의 허락 없이 이 책의 일부 또는 전체를 복사하거나
전재하는 행위를 금합니다.

아이디어 1퍼센트의 법칙

성공한 아이디어는
어떻게 탄생하고
실행됐을까

백일승 지음

한국경제신문

아이디어로 승부하라

나도 누구처럼 전기자동차를 만들고 싶었고, 화성에 인류 식민지를 건설하는 꿈을 꾸고 싶었다. 나도 세상에 없는 독창적인 것을 만들어서, 이 세상의 어느 한 분야의 사업을 독점하고 싶었다. 누구인들 그들처럼 탁월한 아이디어를 내고 싶지 않겠나? 그러나 그들의 성공을 다룬 책들을 모두 읽어 보고, 창업에 성공한 그들의 강연을 백 번이나 반복하며 들어도, 어찌해야 그들처럼 창의적인 아이디어를 끌어낼 수 있는지 도저히 알 수 없었다. 그들보다 나이가 더 많은 어떤 사람은 "항상 배고파라, 그리고 바보가 돼라"라는 방법을 이야기한 적이 있었다. 그런데 이 말도 그 사람만의 선문답 같아서 알 듯 모를 듯 도저히 따라 할 수 없었다. 밤마다 꿈속에서 나는 외치고 있었다.

"파괴적인 혁신, 독점적인 아이디어. 당신들이 무엇을 이야기하는지, 당신들이 성공한 이유는 다 알겠다. 그런데 당신들처럼 창의적인 사람이 되려면, 아니 당신의 100분의 1만큼이나마 되는 아이디어라도 얻으려면 어떻게 해야 하는 건가? 왜 그 방법은 이야기하지 않는 거야?"

창의성은 타고 나는 것일까?

'창의성은 타고 나는 것인가?'라는 의문을 해결하는 것이 나에게는 평생의 과제였다. 특히 나는 기업가들의 문제 해결 능력, 즉 그들이 창의적인 아이디어를 발상하는 능력에 관해 관심을 기울여왔다. 아이디어 발상에 관한 수많은 자료와 책을 접하면서 어렴풋이 발상의 메커니즘을 이해하게 됐지만, 그때까지 나는 창업을 해본 적도, 기업도 경영해본 적 없는 평범한 월급쟁이였다.

내가 서른 중반이었을 때 절체절명의 문제 해결에 직면한 사업가를 직접 지켜볼 수 있는 행운을 갖게 되었다. 무너져가는 세계 최대 글로벌 기업의 구원투수로 새로 임명된 회장을 보스의 보스로서 모시게 됐다. 그가 취임하던 첫날부터, 그가 지시하던 모든 작업을 수행하면서 그의 머릿속을 환히 들여다볼 수 있는 기회였다. 새로운 비즈니스 모델을 만들어내는 그 과정은 나에게는 아이디어 발상에 관한 한 편의 드라마처럼 뇌리 속에 깊이 박혔다. 그 이후, 내가 직접 벤처 기업을 이끌어보는 기회도 찾아왔다. 변화하는 세상의 흐름을 따라서 아이디어 하나만으로 벤처 기업을 창업한 아내를 도와서, 10여 년 함께 기업 생존의 수많은 문제에 직접 부딪쳐 볼 수 있었다.

내가 직접 겪은 경험을 바탕으로 지난 10년 동안 혁신적인 아이디어로 세상을 바꿔낸 천재적인 기업가들의 수많은 사례를 분석해 보았다. 기업가의 창의성에 관해서 내가 확인한 것은 아이디어는 천재만 내는 것이 아니다. 인간이라면 누구나 자신의 뇌 속에 아이디어를 만들어낼 수 있는 뇌신경 회로를 갖고 있다는 것이다.

누구나 경험을 통해 알고 있을 것이다. 인간은 기본적으로 기억한 것을 끄집어낼 수 있는 기억에 관한 뇌신경회로를 갖고 있다. 그것을 '기억 루틴'이라고 하자. 어디 기억만인가. 논리적으로 생각을 거듭할 수 있는 '추론 루틴'도 갖고 있다. 작금의 인공지능들이 이 '추론 루틴'의 알고리즘을 모방하여 학습하고, 이 학습된 규칙으로 '추론'을 하고 있는 것이다. 또 하나 인간의 두뇌가 갖고 있는 것은 새로운 생각을 해낼 수 있는 '아이디어 루틴'이다. 살아가면서 가끔은 나도 모르게 기막힌 아이디어를 떠올린 경험이 있지 않던가? 바로 이 '아이디어 루틴'이 작동한 것이다.

내가 이것을 '루틴'이라고 말하는 것은, 인간의 두뇌 속의 1,000억 개의 신경 세포 중에서 자주 사용되는 신경 세포들이 서로 연결되고, 이 연결된 시냅스들이 활성화를 반복함으로써 특정 태스크에 관한 회로를 구성한다고 보기 때문이다.

인간은 태어나 성장하면서 기본적인 이 세 가지 루틴은 스스로 자동 학습이 되는 듯하다. 자동 학습되는 수준은 개인마다 차이가 있어 보이지만, 누구나 기본적인 기억이나 추론이 가능하고 아이디어도 낼 수 있다. 인간의 두뇌는 초고성능의 생물학적 컴퓨터라고 할 수 있다. 경험과 훈련의 양과 질에 따라서 이들 루틴의 활성화 정도는 사람마다 다르다. 따라서 아이디어 발상의 능력도 타고나는 것이 아니라, 탁월하게 훈련될 수 있다.

상황이 아이디어맨을 만든다

'성공한 벤처 기업'이라는 청운의 꿈을 안고 창업한 지 3년만에 우리는 그 많던 투자금을 다 날리고 존폐의 갈림길에 섰다. 매일 자금 압박으로 겪는 부도 위기, 턱없이 부족한 인력난, 모든 상황을 어렵게 만드는 형편없는 지명도. 그 참혹한 10여 년의 고난 속에서 우리를 구한 것은 '아이디어'였다.

　도저히 풀릴 것 같지 않던 상황에서 살아남기 위해서는 생각해야 했다. 생각하고, 실패하고 또 생각하고 실패하면서 우리는 점점 아이디어맨이 되고 있었다. 다시는 돌아가고 싶지 않은 그 십수 년의 절박한 상황이 우리를 단련시킨 절묘한 환경이 된 셈이다. 창의성은 훈련으로 키울 수 있다. 우리 속에서 잠자고 있는 '아이디어 루틴'을 활성화시키면 된다. 내가 만나보고 연구한 모든 아이디어의 천재들은 타고난 것이 아니라, 스스로 훈련된 사람들이었다. 다만 언제, 어떻게 그들이 훈련됐는지 그들 스스로도 잘 모를 뿐이다. 이 책에서 그들의 자세한 이야기를 다뤄보고자 한다.

나는 학자가 아니다. 한 분야에 대해서 권위를 내세울 만한 학문적 기반이 없다 보니 다른 사람들도 나의 주장에 설득되기 쉽지 않다. 그 점이 나의 약점이다. 그러나 그 약점 때문에 오히려 좀 더 쉽게 독자들에게 다가갈 수 있다. 전문가가 아닌 일반인의 관점에서, 아이디어의 본질을 보다 쉽게 정리하고자 노력했다.

필자가 수십 년간 종사해왔던 IT산업에서 활용한 아이디어를 이 책에서 기술했고, 다양한 사례를 제시했다. 문제 해결을 혁신적으로 해내는 방법이나 전략이 곧 아이디어라는 관점에서 의미를 찾고자 노력했다. 겨우 작은 것을 발견하면, 그것을 곱씹어서 생각하고 또 생각했다. 그래서 하나의 의미가 보이면(본 책에서 필자가 주장하는 '개념'), 그것을 머릿속에 쌓아두고 다시 생각하며 자료를 찾아보았다. 그래서 그 작은 개념을 정리하고, 그것을 글로 남겨보았다. 한 번에 기껏해야 반 페이지 정도였다. 그 내용들을 모아서 이 책을 구성하게 됐다. 글이나 자료의 양은 많지 않겠지만, 생각의 양은 엄청나게 많았다고 자부한다. 그 많은 생각을 텍스트로 축적하지 못하는 내 능력의 한계도 절감했다.

아이디어 1퍼센트의 법칙

아이디어는 발상도 중요하지만, 실행에 성공해야 그 가치를 인정받는다. 아이디어는 갑자기 솟아날 수도 있지만, 내가 필요한 때에 끌어낼 수 있어야 효율적이다. Part 1에서는 아이디어 발상을 잘할 수 있는 사전 준비와 발상의 과정을 자세하게 기술해보았다. 아이디어 발상의 과정은 기업가뿐만 아니라, 창의적인 아이디어를 추구하는 이들 누구에게나 적용이 가능하다고 본다. Part 2에서는 성공과 실패 아이디어의 사례를 분석하면서, 그 핵심 요인을 아이디어 실행의 전략으로 정리했다. 전략 없는 실행은 무모한 도전일 뿐이고, 시간과 자원의 낭비만 초래한다. 벤처 경영 10여 년 동안 뼈저리게 뉘우쳤던 경험의 진수를 담았다. Part 3은 나름의 결론이다. 필자가 짐작하는 '세상의 변화'와 그 변화에 대해서 무엇을 준비해야 하는 지 살펴보고자 한다.

생존을 위해 국내 대기업에서 일도 해봤고, 해외 글로벌 기업도 기웃거렸다. 그러다가 벤처 기업을 직접 창업하여 치열하게 일했다. 열심히 살았지만, 매사에 '아이디어'를 내며 살지 못했던 것 같다. 그래서 무수히 실수하고, 실패하며 절망했었다. 그 회한과 반성을 바탕으로 기업 경영과 창업에 관한 일말의 조언을 기록하고자 이 책을 집필하게 됐다. 이 분야에서 오늘도 고군분투하는 이들에게 이 책에서 다룬 경영과 창업에 대한 이야기가 조금이나마 도움과 희망이 된다면 더할 나위 없이 기쁠 것이다.

PART 3
무엇을 준비할 것인가

PART 1

아이디어
발상의 비밀

아이디어를 만드는 원재료

아이디어란 무엇인가? 생각일까? 몸이 아닌 머리로 하는 활동이라는 의미에서 생각이다. 그러나 생각에는 여러 가지 종류가 있다. 생각의 종류를 단순하게 나눠보면 무언가를 기억하고, 암기하는 두뇌 활동이라는 의미에서 생각이 있다. 과거의 일을 기억하고, 영어 단어를 암기하며, 피아노를 친다든가, 골프 스윙을 하는 것도 따지고 보면 우리의 뇌가 생각하고, 뇌가 지시하는 대로 몸이 따라 하는 것이다. 같은 뇌의 활동이지만, 전혀 다른 생각이 있다. 주로 문제 해결을 목적으로 뇌를 사용하는 생각이다. 문제를 인지하고 그것을 해결하려는 방안을 찾아내고자 뇌를 사용하는 활동이다.

아이디어는 보통 이런 생각 중에 갑자기 떠오르는 또 다른 생각이 아닐까? 다시 말하면, 아이디어는 뭔가를 기억하거나 기억하는 뇌의 활동이 아니다. 문제 해결을 위해 이리저리 맞춰보거나, 새롭게 떠올리면서 그 과정에서 뇌를 사용하는 것이다. 정리해보면 문제 해결을 위한 새로운 생각을 아이디어로 정의한다. 즉, 해결책이라는 뜻이다. 그러나 평범한 해결책이 아니다. 문제에 대한 해답이기도 하지만, 이 생각의 결과가 독특하고 기발할 때 아이디어라고 부른다.

아이디어(필자가 정의한 '문제 해결력'으로서의 아이디어)는 완전한 무에서 새로운 생각을 창조하는 것만 의미하는 것이 아니다. 기존의 생각이나 이미 나왔던 아이디어에서 변형되거나, 다른 것들과 조합되어 새롭게 만들어지는 것도 아이디어다. 어쩌면 예술적 영감(inspiration)은 완전한 무에서 새롭게 나오는 것이라고 한다면, 문제 해결을 위한 생각은 기존의 비슷한 사례나 전혀 다른 사례에서도 떠오른다. 미국의 '자동차 왕' 헨리 포드(Henry Ford)는 1913년 미국 시카고의 도축장에서 영감을 얻어 처음으로 컨베이어 시스템을 자동차 공장에 도입하여 대량 생산에 성공했다. 이렇게 조합이나 변형의 원재료가 있어야 아이디어가 만들어지는 것이다.

아이디어는 발상자의 '기억의 조각' 속에서 변형이 일어난다. 과거의 이 '기억의 조각'들이 새롭게 조합되면서 새로운 구조의 생각이 만들어지는 것이다. 어떤 이들은 이것을 '통찰'이라고 칭하고, 종교적으로는 '깨달음'이라고도 한다. 어쨌든 기억의 조각은 수많은 경험을 통해 스스로 정리된 생각이다. 최근의 인지신경과학에서는 이 기억의 조각과 연관된 의미 있는 발견을 했다고 한다. 요약해보면 외부로부터 받아들인 경험을 우리의 뇌는 스스로 고유한 해석을 거쳐서 의미를 만들고 기억하게 한다는 것이다. 결국 많이 쌓아온 경험들의 핵심을 스스로 생각하면서 정리해야 기억의 조각이 만들어진다.

인지신경과학의 새로운 발견

창조의 과정은 의식과 무의식의 인지 체계와 감정이 함께 엉키는 복합 작용이다. 해부학적으로 보면 뇌의 다양한 부분들이 같이 활성화되면서 새로운 신경망의 연결이 생기는 것이다. 물리적으로는 종류가 다른 두뇌의 연결망(네트워크)이 몇 개 존재하는 것과 같다. '집행적 주의 네트워크(Executive Attention Network)'는 감각을 인식하고, 뇌가 외부 세계와의 정신적인 활동에 관여하는 것을 말한다. 뇌는 외부 세계로부터 끊임없이 정보와 지시를 받는다. 그 모든 정보를 우리 뇌가 바로 인지하는 것은 아니다. 이 집행적 주의 네트워크에서 주의를 기울여야 우리의 뇌가 인지할 수 있게 된다. 외부 세계의 입장에서 보면, 이 집행적 주의 네트워크가 우리 뇌의 가장 생산적인 활동을 담당한다.

우리의 뇌는 감각 기관을 통해서 정보를 받아들이고, 우리 몸의 각 부분을 통제하며, 읽고 쓰고 생각하며 기억한다. 뇌의 주요 활동은 생각하는 것이다. 생각의 또 다른 형태인 '추론'을 할 때도 이 네트워크가 활성화된다. 생각의 종류는 기억, 추론, 통찰로 나눠볼 수 있다. 우리가 중요하게 여기는 학습은 따지고보면, 생각의 가장 기본 활동인 기억을 주로 이용하는 것이다. 분석이라는 약간 복잡한 정신적인 활동이 필요하지만, 그것도 좀 더 잘 기억하기 위해서다. 학습은 기억을 잘하고, 기억된 것을 잘 생각해내는 활동이다. 이 기억보다 조금 복잡한 생각의 방식이 '추론'이다. 추론은 이미 주어진 자료(데이터)를 기반으로 논리적으로 유추하는 것이며 아직 일어나지 않은 미래를 예상하는 활동이다. 여기까지 집행적 주의 네트워크가 관장한다.

뇌가 외부로부터 지시를 받거나 외부와 관계된 일을 하지 않은 때는 무엇을 할 것인가 하는 의문에서 인지신경과학에서의 패러다임이 바뀌게 됐다. 이에 따라 우리 마음에서 이리저리 떠도는 모호하지만 늘 존재하는 '내적 경험'이라는 현상에 주목한다. 여기에 작동되는 것이 '상상력 네트워크'다. 이것이 하는 주요한 역할은 '조망 수용(perspective taking)'이다. 조망 수용이란 자신의 관점이 타인과 다를 수 있음을 인식하고 타인의 마음, 생각, 느낌, 행동 등을 그 사람의 관점에서 이해하는 능력을 말한다. 우리가 외부로부터 받아들이는 모든 정보를 내부에서 자기 스스로 다시 인지하는 과정인 것이다. 과거의 기억과 연관시키고, 공상하며, 개인적으로 의미를 만들어낸다. 주로 전두엽과 두정엽, 측두엽의 많은 영역을 활성화하면서, 경험에서 의미를 만들고, 기억하며, 미래를 상상하고, 정보를 이해하며, 느끼고 생각한다. 결국 이 상상력 네트워크의 작용으로 외부로부터의 모든 감각, 정보, 지시가 다시 자기 자신의 해석을 거쳐서 자기 고유의 관념으로 바뀐다고 한다. 개인적인 신념이나 사상적인 '이념' 그리고, '고정관념'도 이 조망 수용의 결과인 듯하다. 한 번 형성된 이 관점은 잘 바뀌지 않는다. 이념주의자들의 사상 전향이 어렵고, 고정관념이 잘 깨어지지 않는 것도 이유가 있는 것이다.

지적 기억을 통한 아이디어 발상

아이디어의 핵심은 우리의 뇌가 답을 찾게 하는 것이다. 뇌를 가동하는 그 방식이 매우 중요하다. 넓게 생각하면서, 동시에 깊이 파고들게 해야 한다. 가까운 것을 보되 멀리 있는 것에도 소홀하지 말아야 한다. 그러려면 해결해야 하는 문제를 철저하게 파악해야 하고, 동시에 관련된 다른 문제들에 대해서도 개방적이어야 한다. 한마디로 말하면 '오픈 마인드를 가져라'라는 의미인데, 설명이 쉽지 않다.

화제를 불러모았던 드라마 〈이상한 변호사 우영우〉는 자폐증

변호사의 이야기다. 70대 할머니가 남편인 80대의 할아버지를 무쇠 다리미로 때려서 상해를 입힌 사건이 에피소드로 나온다. 14년 차 고참 변호사 명석이 전문가의 직관으로 집행유예가 뻔한 '직계 존속 살인 미수'사건으로 마무리하고자 한다. 그런데 우영우는 할아버지가 돌아가시고 난 후, 유산의 상속을 걱정하여 살인 미수가 아닌 상해죄로 집행유예를 받아낸다. 이 부분에서 아이디어가 발동한다. 드라마에서는 우영우의 천재성을 부각하지만, 문제 해결에 직접 관련된 다른 분야의 지적 기억이 결합한 것이다. 명석이 관련 있는 형법만을 적용하려고 할 때, 영우는 민법의 상속 부분까지 고려하며 생각의 문을 열어놓았다.

이를 달리 표현해보면, 합리적인 사고와 창의적인 상상력을 한 사람의 머릿속에서 동시에 실행하는 것이다. 이것이 아이디어의 핵심이다. 말은 쉽지만 실제로 아이디어 발상을 위해서는 뭔가 구조적인 작업이 필요해보인다. 이런 식의 아이디어 발상을 위해 가장 필요한 것이 있다. 컬럼비아 경영대학원의 윌리엄 더건 교수가 《제7의 감각: 전략적 직관(Strategic Intuition)》이란 책에서 언급한 '지적 기억(intelligent memory)'이다. 이 용어를 창안한 윌리엄 더건 교수는 "지적 기억을 결합함으로써 새로운 혁신적인 아이디어가 만들어진다"라고 설명한다.

지적 기억이란, 기억의 조각이지만 무조건적인 과거의 기억이 아니다. 행위가 일어나던 당시에는 몰랐지만, 나중에 생각해보면 어떤 맥락이 통하는 것 같은 '주제'나 일관된 느낌, 간단하게 핵심이 정리된 것을 의미한다. 명상할 때 머릿속에 그려지는 어떤 이미지 형태로 기억될 때도 있다. 지적 기억은 좌뇌든 우뇌든 상관없이, 크고 작은 섬광 같은 통찰력을 통해 과거의 요소들을 가져다가 새로운 방식으로 결합하며 어떤 문제에 대한 기가 막힌 해답이나 사례, 또는 잘 정리된 주제와 같은 것이다.

《제7의 감각: 전략적 직관》에서 소개한 나폴레옹의 사례를 보면 이 '지적 기억'을 통해서 아이디어 발상을 한다. 나폴레옹은 겨드랑이 밑에 두꺼운 책을 끼고 다닐 정도로 철저하게 전쟁사를 연구했다고 한다. 고대부터 유명한 전투의 전략 그림이 그의 머릿속에 상황별로 잘 정리돼 있었다. 따라서 새로운 전략을 세우기 위해 고민할 때, 과거의 전쟁사에서 비슷한 지형이나 규모의 전투, 비슷한 상황이든 유사한 사례가 지적 기억으로 잠재의식 속에서 튀어나오는 것이다. 동일하진 않지만, 일부 비슷한 부분들이 지적 기억 속에서 떠올라 섬광 같은 통찰력과 결합하며 새로운 해결책을 제시한 전략이 튀어나온다. 그것이 아이디어다.

의미가 있는 기억의 조각, '개념'

아이디어의 원재료가 되는 것은 기억이다. 주로 경험이나 학습으로 만들어지는 기억이 나름대로 의미가 있는 부분으로 쪼개져서 기억된다. 이 '기억의 조각'은 아마도 우리의 잠재의식 속에 깊이 박혀 있는 기억의 단편일 것이다. 최근 뇌과학에서는 이것이 장기 기억 속에 저장된 것이라고도 한다. 전체 경험이나 학습한 내용 전체가 기억되는 것이 아니라, 사람마다 나름대로 의미가 있는 조각으로 나눠진다. 큰 기억(2시간짜리 영화 같은 장면의 연속된 기억의 집합)이든 스냅 사진 같은 순간의 짧은 기억이든, 어떤 맥락을 가지고 연결된 이 기억의 조각들을 필자는 '개념'이라고 정의한다. 이 '개념'은 '전략적 직관'에서 언급한 '지적 기억'을 포함하는 것이다. 아이디어의 재료가 되는 것은 바로 이 '개념'들이다. 이 '개념'에는 우리가 학습이나 경험을 통해서 의도적으로 생각해낸 것도 포함한다. 가령, 초등학교 1학년이 수학 시간에 배우는 자연수의 개념도 포함된다. 어떤 의미에서는 아이디어 발상을 잘하기 위해서는 필요한 분야나 주제에 관해 연구하고 관심을 두면서 주제별로 분리해놓은 기억들(의도적으로 지적 기억화한 기억들), 즉 '개념'이 많으면 유리하다. 그래서 우리의 두뇌가 문제에 '락온(lock-on)'이 되면, 우리의 기억은 개념 단위로 탐색되면서, 새로운 아이디어를 찾아서 전진하는 것이다. 이 '개념'에 대한 명확한 사례를 찾다가 헬렌 켈러와 앤 설리번 선생님의 이야기를 다룬 영화 〈블랙〉을 접하게 됐다.

설리번 선생님이 가르친 개념

— 사흘만 세상을 볼 수 있다면 첫째 날은 사랑하는 이의 얼굴을 보
겠다. 둘째 날은 밤이 아침으로 변하는 기적을 보리라. 셋째 날은
사람들이 오가는 평범한 거리를 보고 싶다. 단언컨대, 본다는 것
은 가장 큰 축복이다.

_헬렌 켈러

듣기, 보기, 말하기를 못하는 세 가지 장애를 한꺼번에 갖고 있는
어린 헬렌 켈러가 글을 깨우치는 장면은 영화 〈블랙〉에서도 압권
이었다. 설리번 선생님은 우물가에서 노는 여섯 살짜리 헬렌의 손
에 가끔 우물물을 쏟아부었다. 그러면서 그녀의 손바닥에 손가락
으로 'W-A-T-E-R'이라는 단어를 써줬다. 헬렌은 '왜, 선생님이
내 손바닥을 간지럽히는가?'라고 생각했지만, 무심히 넘어갔다. 그
손바닥 간지럽힘은 종종 재현되고는 했다. 목이 말라서 물을 마시
고 나면, 선생님은 또 헬렌의 손바닥을 간지럽히는 것이다. 그렇게
수개월이 지난 어느 날, 교회를 다녀오던 길이었다. 날씨가 추워지
더니 비가 오기 시작했다. 갑자기 설리번 선생님은 마차를 세우게
하더니, 헬렌을 안고 내렸다. 헬렌의 얼굴이 하늘을 향하게 하고
는, 또 예의 그 손바닥 간지럽히기를 하는 것이다. 얼굴에 떨어지
는 빗방울이 차갑게 느껴졌다. 하나, 둘, 셋 … 돌연, 헬렌의 머릿속

아이디어 1퍼센트의 법칙

에 '그래, 언젠가 이 느낌이 들었던 적이 있지!' '뭐였지' 하며 생각이 떠올랐다.

'우물가의 물놀이, 목이 마를 때 마시던 컵 속에 있던 것, 그리고 지금 얼굴 위에 떨어지는 이것. 다 같은 느낌이 아닌가? 아, 이것을 선생님은 손바닥에 그리고 있구나! 뭐지. 음 사람들은 이것을 W-A-T-E-R이라고 하는 모양이다.'

이 장면은 어린 헬렌의 머릿속에 '물'이라는 개념이 생기는 순간을 묘사한 것이다. 단순히 water의 스펠링을 외우는 것이 아니다. 물의 개념을 확실히 갖게 된 순간이다.

——— 물은 차가운 온도이고 딱딱하지도 않으며 형체가 변한다. 목이 마를 때 먹기도 하고, 손이나 얼굴의 땀을 씻기도 한다. 하늘에서 떨어지기도 한다. 우물의 물이나 컵 속의 물이나, 하늘에서 떨어지는 물이나 다 같은 물이다.

이것이 물의 개념이다. 이후 헬렌의 머릿속에는 이 물의 개념이 평생 간직돼 있었다. 처음의 개념이 중요했던 이유는 이를 계기로 다른 모든 사물과 사건의 개념을 차근차근 이해할 수 있게 됐다는 것이다. 청각과 시각을 상실한 사람이 다른 나머지 감각과 이미 알고 있던 개념을 바탕으로 다른 개념들을 쌓아나간다. '기억'이나 '지적 기억'에 어떤 감각이나 감정이 더해지면서 명확하게 형성되는 이것을 단순한 기억과 구분하여 '개념'이라고 정의해보자.

기억의 감수성

개념이 형성되고, 또 그것이 우리의 장기 기억 속에 보관되는 것은 감수성의 문제다. 그것이 얼마나 강하게 우리의 뇌에 자극을 주느냐에 따라서 우리 뇌에 기억되는 정도가 다르다. 이 감수성은 타고날 수도 있고, 환경의 영향을 받을 수도 있다. 어찌 됐든 의욕이 강하면(호기심도 의욕의 일종이다) 감수성이 예민해지고, 개념화되는 확률이나 강도가 선명해진다.

기억은 (그것이 개념화됐든 아니든) 경험 때문에 만들어진다. 자신이 직접 경험한 것을 잘 기억하는 이유는 자기 일이기 때문에 감수성이 높은 것이다. 다른 사람의 경험을 전해 듣는 경우(간접 경험)는 상대적으로 감수성이 떨어진다. 직접 경험한 것일수록 개념 형성이 잘된다.

학습도 간접 경험이다. 학습한 것도 개념으로 만들어진다. 다만 감수성에 있어서 직접 경험만큼 강하지 못할 뿐이다. 자전거 타기를 배우는 것은 몸으로 배운다고 한다. 이것은 우리 몸과 두뇌가 직접 경험한다는 말과 같다. 직접 경험한 거라 감수성이 강하다. 한 번 배운 자전거 타기는, 이후 언제라도 기억이 되살아난다. 그러나 고등학교 때 억지로 배웠던 미적분은 학교를 졸업하는 순간(어떤 사람은 수학책에서 미적분 챕터가 끝나는 순간) 잊힌다. 억지로 하기 싫어서 하는 경험의 감수성이 그만큼 약하기 때문이다.

이스라엘 히브리대 유발 하라리(Yuval Noah Harari) 교수는《호모데우스(Homo Deus)》란 책에서 경험은 감각, 감정, 생각으로 이루어진 주관적 현상이라고 설명한다. 그는 감수성은 두 가지를 뜻한다고 말하는데, 첫째는 감각, 감정, 생각에 주목하는 것이다. 둘째는 그 감각, 감정, 생각이 나에게 미치는 영향을 받아들이는 것이라고 한다. 경험과 감수성은 끝없는 고리로 이어져 서로를 강화하는데, 감수성 없이는 어떤 것을 경험할 수 없고, 다양한 경험을 하지 않으면 감수성을 개발할 수 없기 때문이라고 설명한다.

전문성과 창의력은 같은 것일까?

인간의 재능을 다룬 심리학이나 뇌 과학에서 인간의 재능에 관해 연구한 것들을 분석한 재미있는 책들이 많이 나왔다. 그중 안데르스 에릭슨(Anders Ericson) 박사가 집필한 《1만 시간의 재발견》은 고도의 전문성이 요구되는 재능을 다룬 이야기다. 이 책에서는 전문적인 능력을 갖춘 사람들 중에서도 세계적인 탁월함을 발휘하는 사람들을 연구했다. 에릭슨 박사의 주장은 세계 최고 수준의 전문적인 능력을 가진 사람들(세계적인 골프 선수나, 체스 세계 챔피언이나 세계적인 바이올린 연주자 같은 천재적인 수준의 전문가들을 말한다.)조차 미리 정해진 타고난 능력은 없다는 것이다. 이들 재능은 그것이 육체를 사용하는 운동이라고 해도 고도의 지적 능력을 개발해야 하는데, 그들의 두뇌가 적응력이 가장 좋은 어린 시절에 제대로 된 훈련을 통해서 개발할 수 있다는 것이다.

이런 부류의 전문성과 창의력은 같은 능력일까? 즉, 골프를 잘 치거나 체스를 잘 두는 능력과 창의력을 같은 종류의 재능이라고 할 수 있는 것일까? 인간이 가진 고도의 지적 능력이라는 점에서는 의문의 여지가 없다. 이 전문성은 같은 스킬을 세밀하게 반복하면서 어떤 경지에 이르는 것이다. 그에 반해서, 아이디어나 창의력은 기존과는 전혀 다른, 새로운 생각으로의 전환이 일어난다. 창의력을 아이디어 발상 능력이라고 본다면, 전문성과 창의력 개발은 비슷한 듯하면서도 그 메커니즘이 다른 것 같다.

그러나 에릭슨 박사가 말하는 전문성을 개발하는 훈련법을 아이디어 개발을 위한 창의력에도 적용할 수 있는 것이 아닐까? 이 말은 아이디어를 잘 내는 능력도 타고나는 것이 아니라, 훈련으로 개발될 수 있다는 가설을 가능하게 한다. 전문성의 훈련에 사용되는 '심적 표상'이 앞에서 언급한 '지적 기억'이나 '기억의 조각' 또는 필자가 말하는 '개념'과는 차이가 있는 것은 분명하다.

심적 표상과 기억의 조각

에릭슨 박사가 주장하는 '심적 표상(Mental Representation)'은 뇌가 생각하고 있는 대상에 상응하는 심적 구조물을 뜻한다. 예를 들어 '세종대왕 동상'이라고 하면 사람들은 머릿속에 세종대왕 동상 이미지를 떠올린다. 이것이 바로 세종대왕 동상에 대한 사람들의 심적 표상으로, 우리의 뇌 속에 각인된(기억된) 이미지다. 그것이 운동이든 피아노를 치는 방법이든 최상의 방법을 보고, 그것을 이미지화하여 기억시킨다. 심적 표상은 모방하고자 하는 동작이 좀 더 세밀하게 표현되고, 그 순간의 느낌과 몸의 반응까지도 기억하는 것 같다. 운동이나 피아노나 훈련하는 방법은 그 심적 표상을 머릿속에 떠올리면서, 그것을 그대로 모방하는 훈련을 지속해서 반복하는 것이다. 심적 표상이 세세하고 명확하게 기억될수록 그것을 모방하기가 쉽다. 그 과정을 통해서 우리의 몸이나 머리가 심적 표상을 그대로 흉내 내는 것이 훈련하는 방법이다.

최근의 뇌 신경 연구에 의하면 이 심적 표상으로 훈련을 계속하면, 우리의 뇌 신경세포를 '미엘린'이라는 물질이 피복처럼 감싸기 시작한다고 한다. 훈련이 반복되면 점점 더 이 미엘린이 두꺼워지고, 신경 전달의 속도가 정확하게 빨라진다고 한다. 소위 말하는 '미엘린 효과'다. 그대로 따라 해야 하는 것이기 때문에 두뇌의 적응력이 왕성할수록 좀 더 짧은 시간 동안에 흉내 내기가 가능해진다. 나이가 어릴수록 전문적인 능력은 최고에 도달하기가 쉬워지는 것이다. 간혹 천재적인 실력을 갖춘 바이올린이나 피아노 연주자들, 특정 운동을 잘하는 천재들이 출현하는데 그들의 대부분은 매우 어린 나이에 그 훈련을 시작했다는 공통점이 있다. 이것이 전문성의 개발 과정이라고 한다면, 아이디어의 발상과는 전혀 다른 메커니즘이다. 전문가라고 해서 아이디어 발상을 잘할 수 있는 것은 아니다.

'개념' 속에서 떠오르는 아이디어

아이디어 작동을 위해서는 문제에 집중해야 한다. 문제의 핵심을 정확히 인지해야 아이디어가 작동된다. 우선 가능한 대로 문제와 관련된 정보를 머릿속에 채우고, 문제와 관련된 경험을 기억해본다. 바로 문제에 몰입할 수는 없지만, 문제를 계속해서 인지하다 보면, 아이디어의 대상이 되는 문제가 명확해지면서, 마치 레이더가 대상물을 '락온'시키듯, 우리의 두뇌에 문제가 '락온'되는 것이다.

이 '락온'되어 있는 상태를 잘 설명해주는 사례가 있다. 세계 최고의 남자 골프 토너먼트인 PGA에서 우승한다는 것은 정말 어려운 일이다. 4일간 수많은 선수가 겨루는 이 시합에서 마음의 평정심을 유지하기란 참으로 힘들다. 첫날의 성적이 좋아도 그 다음 날이나 마지막 날에 실수하여 우승을 놓치는 경우가 허다하다. 그만큼 심리적인 요소가 크게 작용한다는 것이다. 첫날부터 한 번도 선두를 빼앗기지 않고 마지막 날까지 우승하는 것을 '와이어 투 와이어(wire-to-wire)' 우승이라고 한다. 이렇게 우승한 선수의 인터뷰를 유심히 관찰해보면 공통점이 있다. "아무 생각 없이 쳤다"라고 인터뷰에서 한 말은, 이 선수가 자신의 골프에 '락온'돼 있는 상태를 표현한다. '생각이 없다'라는 말은 다른 잡념이 없었다는 뜻일 것이다. 자신의 모든 집중력이 온전히 골프에만 꽂혀서, 최고의 기량을 발휘할 수 있게 되었다는 의미다. "그래서 한 샷, 한 샷, 골프 스윙만 생각했다"라는 말이다. 그것이 마음의 평정심을 유지하기 가장 어려운 스포츠인 골프에서 자신의 최고 기량을 발휘할 수 있었던 비결이다.

'락온'이 되면, 우리의 두뇌는 서서히 문제에 몰입하는 상태가 된다. 동시에 이 문제와 관련된 상식과 편견은 버린다. 이미 알려진 상식에 매몰되면 새로운 생각은 달아나버리기 때문이다. 그렇다고 생각이 한쪽에 치우치게 되면 아이디어는 나오지 않는다. 마음 비우기 또는 열린 마음의 상태, 즉 이 비움과 채움을 반복한다. 그러면서 점점 더 집중하고 몰입하게 된다. 전형은 버리고 원형은 찾아서 다시 만들어본다. 어느 순간 맥락이 파악되는 통찰의 순간이 온다. 그 순간에 떠오르는 생각, 바로 이거다! 하는 느낌, 그것이 아이디어다.

우리의 뇌가 문제에 '락온'되려면 의욕이 있어야 한다. 호기심이 발동하든지, 문제가 어떤 형태로든 보상되든지. '락온'이 되면, 일종의 몰입 상태에 빠진다. 실제로 그 문제를 생각할 수도 있고, 다른 일을 하면서 비스듬히 또는 틈틈이 그 문제를 생각할 수도 있다. 어찌해도 상관없다. '락온'된 상태에서 우리의 두뇌는 그 문제를 계속 생각하고 있기 때문이다.

오히려 경험상 '락온'만 됐다면 그 문제를 벗어나 있을 때, 아이디어가 잘 튀어나온다. 그 옛날 아르키메데스가 '유레카'를 외쳤던 것은 그의 서재나 연구실이 아니었다. 목욕탕이라는 설이 있지 않던가! 왕관의 재료가 순금인지 아닌지를 판단하는 문제에 직면했던 그가 일단 머릿속에 그 문제를 '락온'시켰다. 그 문제의 해결을 지속해서 생각하다가, 목욕탕 욕조에서 넘치는 물을 보는 순간 아이디어가 작동했다.

연관된 '기억의 조각'들이 우리의 잠재의식 속에 존재하고, 나의 머리는 주어진 문제, 해결해야 할 과제에 '락온'돼 있다. 어떤 계기로 갑자기 우리의 머릿속에서 생각의 전환이 일어나는 것이 바로 아이디어의 탄생이다. 이것이 필자의 개인 경험이다. 한두 번이 아니다. 수천수만 번의 아이디어가 이 과정을 거쳐서 나왔다. 실로 수십 년간 쌓아온 경험이다.

2장에서 이 아이디어 발상 과정을 자세하게 프로세스화해서 설명하겠다.

아이디어 발상의 프로세스

—— 늘 해오던 방식을 고수할 필요가 전혀 없다는 깨달음, 그것이 바로 창의력이다.

_루돌프 플레시(Rudolf Flesch)

아이디어는 문제에 대한 답이다. 해결책이라는 말이다. 그래서 아이디어는 획기적이어야 하고, 그 결과가 비상식적으로 효과적이어야 아이디어인 것이다. 문제가 있어야 답을 생각하고, 그 생각 중특이한 형태가 아이디어다. 주어진 문제에 대해서 우리의 기억 속에 있는 것을 그대로 끄집어내는 것은 인간의 반사적인 행동(두뇌의 활동)이다. 아이디어는 그것이 튀어나오는 과정에서 의식적이든무의식적이든 좀 다르게 작동된다. 기억 속의 조각을 그대로 끄집어내는 것이 아니라, 변형을 가한다. 기억 속의 어떤 것을 재료로삼았지만, 그대로는 아니다. 새로운 형태의 것이다.

아이디어를 발현시키는 것에도 어떤 절차가 있는 것은 아닐까? 아이디어 발상을 위한 방법론이 있다고 가정하자. 그것을 자세히 연구하여 훈련한다면, 일반인들도 아이디어 발상이 가능해지지 않을까 하는 것은 필자의 오랜 연구 과제였다. 그동안 필자 나름의 경험과 연구를 기반으로 한 아이디어의 프로세스를 정리해본다. 아이디어가 반드시 이런 절차를 따라서 생긴다고 일반화하기는 힘들다. 필자 자신도 어떤 때는 참으로 엉뚱하게 아이디어가 떠오르는 경우가 허다하기 때문이다. 하지만 이런 발상의 과정을 따라가다 보면, 그 과정 어딘 가에서 아이디어가 튀어나오는 것이다.

능동적 아이디어 발상의 기술

지금까지 아이디어는 수동적인 형식이었다. 아이디어 발상을 위해서 의도적으로 노력하면 오히려 아이디어가 달아나버린다고 생각했다. 그래서 아이디어를 원한다면 조용히 주어지기를 기다리는 것이 좋은 방법이다. 수동적인 아이디어 발상은 영감과 흡사하다. 주로 영감에 의해서 작업을 하는 예술가들이라면, 절대적인 시간을 투자하면서 저절로 떠오르는 아이디어를 기다리면 된다. 그러나 문제 해결을 위한 수단으로 아이디어를 적극적으로 이용하기 위해서는, 내가 원할 때 의도적으로 아이디어가 떠오르게 만들어야 한다. 의도적으로 아이디어를 만들고자 한다면, 자신을 '아이디어 프로세스'에 집어넣을 필요가 있다. 이 과정이 아이디어 발상에 도움된다. 떠오른 아이디어를 실행하는 것은 별도로 다룰 필요가 있다. 여기서는 다음과 같은 아이디어 발상까지의 단계를 세분화해서 각 단계를 설명해본다.

락온 → 결합 → 전환

락온: 문제에 몰입되는 단계

이런 생각법이 작동하려면 문제에 집중해야 한다. 문제의 핵심을 정확히 인지해야 우리의 두뇌는 아이디어를 생각하기 시작한다. 우선 가능한 대로 문제와 관련된 정보를 머릿속에 채우고, 문제와 관련된 경험을 기억해본다. 바로 문제에 몰입이 되지는 않지만, 문제를 계속해서 인지하다 보면, 아이디어의 대상이 되는 문제가 명확해진다. 그러면서 마치 레이더가 대상물을 '락온'시키듯 우리의 두뇌에 문제가 '락온'되는 느낌이 든다.

우리의 뇌가 문제에 '락온'되는 것은 의욕이 있을 때 좀 더 수월하다. 호기심이 생기든지, 문제 해결이 어떤 형태로든 보상이 되든지, 아니면 자신이 인정하는 어떤 강압도 '락온'을 가능하게 한다.

'유레카'를 외쳤던, 아르키메데스를 생각해보라. 절대 권력자인 왕의 명령이었다. 아르키메데스는 굉장한 압력을 받은 셈이다. 그것이 그가 왕관의 순금 여부를 판단하는 아이디어에 몰입하게 만든 것이다. '락온'이 되면, 일종의 몰입 상태에 빠진다. 실제로 그 문제를 생각할 수도 있고, 다른 일을 하면서 비스듬히 또는 틈틈이 그 문제를 생각할 수도 있다. 어떻게 해도 상관없다. '락온'된 상태에서 우리의 두뇌는 그 문제를 계속 생각하고 있기 때문이다.

의식적으로나 의도적으로 자기 생각을 해결해야 할 문제에 '락온'시켜야 한다. 아이디어가 필요한 문제에 자신의 머리를 집중시킬 때 이때 스스로 인지하는 의식은 물론, 자신 안의 무의식까지 '락온'시키는 것이 중요하다. 의도적으로 인지하면서 해당 문제에 집중하게 하는 그 주체를 '의식의 나'라고 하고, 이와 구분해서 무의식을 '내 안의 나'라고 표현해본다. '의식의 나', 그리고 '내 안의 나'도 주어진 문제에 '락온'을 시키면, 일정 시간이 지나면서 서서히 몰입된다. 우리가 시도하는 것은 나의 의식과 무의식 모두를 '락온'시키는 것이다. '락온'에 특별한 방법이 있는 것은 아니다. 다만 자신이 생각해야 할 문제를 정확히 인지하고, 처음에는 의도적으로 내 모든 두뇌가 그것에 집중하게 한다. 즉, '의식의 나'가 지속적으로 '내 안의 나'를 불러서 문제에 집중하게 하면, 어느 순간 '내 안의 나'도 '락온'이 된다.

'락온'과 '몰입'은 다르다

이쯤에서 '락온'과 '몰입'이 같은 것이 아닌가 생각할 수도 있다. 이 둘은 겉보기는 같아 보일지 모르지만, 그 안을 들여다보면 다른 특성을 가진다. 둘 다 우리 인간의 정신적인 활동인 것은 분명하다. 의식과 무의식이 관여되는 부분도 같다. 그러나 몰입이 시작되면 의식이든 무의식이든 그 상태에 빠져든다. 그 대상이 무엇이든 몰입에 빠진 사람은 정신적으로 고립된 상황에 놓인다. 이때 다른 사람이 끼어들면 대부분 몰입 상태에서 벗어나게 된다. 몰입은 혼자만의 활동인 것이다.

'락온'은 완전히 다르다. 나의 의식과 무의식이 어떤 대상에 묶여 있는 것은 몰입과 비슷하다. 그러나 그 연결이 다소 느슨하다고 보면 된다. '락온'이 되면 해결해야 할 대상(문제)에 집중하지만, 우리의 두뇌에서는 활발한 기억의 되새김이 일어난다. 주로 과거의 경험이나 기억 중에서 필자가 말하는 개념들이 빠른 속도로 브라우징 되면서 해결할 수 있는 실마리를 찾아간다. 필자는 이 '락온'의 바로 다음 단계를 '결합'으로 따로 구분하여 설명한다. 이 상태에서는 자신의 기억 조각들끼리의 결합도 일어나지만, 다른 사람과의 자극에 의해서도 '결합'이 활발히 일어난다. 이 점이 몰입과 다른 것이다. 몰입 상태에서의 다른 사람의 자극은 몰입을 방해하는 요소다. 몰입 상태에서 벗어나 의식의 상태로 돌아온다. 그러나

'락온' 상태에서는 문제에 자신의 의식과 무의식이 느슨하게 연결돼 있으면서, 의식에서는 열심히 다른 사람들이나 외부의 자극을 받아들인다. 그러면서 '락온'된 문제의 해결책을 찾기 위해서 부지런히 자신의 개념들과 결합을 시도하는 것이다. 어찌 보면 '락온'은 문제에 집중하고자 하는 우리의 의도이고, 몰입은 그 의도의 결과로 만들어진 상태 같은 것이다. 시간상으로는 대개 '락온' 이후 몰입에 들어간다. 아이디어 발상은 '락온' 상태이거나 몰입의 초기 상태에서 잘 일어난다. 그래서 의도적으로 깊은 몰입에 빠지지 않게 하는 것이 효과적이다.

'영감'과 '아이디어'

'영감'이 떠오르는 상황과 아이디어 발상도 확연한 차이가 있다. 영감은 주로 예술가들의 몰입에서 찾아오는 신이 주는 선물 같은 것이다. 이 '영감'을 찾기 위해서 거의 모든 종류의 예술가들은 다양한 방법으로 노력한다. 그런데 이 '영감'은 주로 혼자일 때 잘 떠오른다. '영감'이 떠오를 만해도 다른 사람들이나 다른 외부의 자극이 주어지면, '영감'은 저 멀리 달아나버린다. '영감'을 중시하는 예술가들이 한창 그들의 예술적인 작업에 몰입할 때, 다른 모든 활동, 가령 음악 듣기나 운동, 산책 등은 허용하지만 절대 금지하는 일은 다른 사람과 만나거나 전화 통화하는 것이다. 타인의 작용이 들어와버리면, 이 '영감' 얻기에 방해가 되기 때문이다. 그러나 아이디어는 다르다. 문제에 '락온'만 되어 있다면 오히려 다른 사람들과 대화하는 도중에 아이디어가 갑자기 떠오르는 경우가 더 많다. '영감'과 아이디어 발상이 비슷해 보이지만, 이 점이 본질적인 차이가 아닐까?

정리하자면, 몰입은 혼자만의 정신 활동으로 주로 '영감'을 떠올리는 데 효과적인 방법이다. '락온'은 그 이후의 '결합' 단계와 합쳐지면서 느슨해지고, 해결해야 할 문제에 집중된 상태다. 이 느슨한 결합 때문에 자신의 '기억의 조각'이나 다른 사람과의 접촉을 통한 자극도 이용하여 문제 해결을 위한 다양한 결합을 시도하면서 아이디어 발상으로 나아가게 된다. '락온'이 된 이후에 대부분은 '몰입'으로 진행되는 것 같다. 시간의 진행상 '락온'이 먼저 일어나고, 이후에 몰입으로 들어간다. 아이디어 발상은 이 '락온' 상태가 더 효과적인 것 같다. 좀 더 자유로운 상태에서, 다른 인풋들을 쉽게 받아들이기 때문이다. 그래야 이후의 '결합'이나 '전환'으로 생각의 재탄생이 가능해지기 때문이다.

아이디어를 잘 내는 사람들이나 '영감'을 자주 얻는 사람들은 대부분 어떤 형태로든 스스로 '락온'이나, '몰입'하는 방법을 아는 사람

아이디어 1퍼센트의 법칙

들이었다. 발명왕 에디슨의 경우도 몰입을 굉장히 잘하는 사람이었을 것이다. 어떤 발명에 한 번 빠지면 침식을 잊고 연구에 연구를 거듭했다는 일화는 그가 몰입의 경지에 들어갔다는 것을 뜻한다. 몰입이 오로지 한 가지 생각에만 빠지는 것이라고 한다면, 락온은 조금 다르다. 러시아의 대문호 톨스토이가 했던 다음 말도, '락온'을 이야기한다고 생각된다. 특정 작품을 창작하는 일에 몰두하면서 오랜 기간 창작 활동에 집중했다. 즉, 그 작품의 주제에 락온된 상태에서 순간 순간 좋은 아이디어를 떠올리고, 그것을 글로 표현했다. 이 상태를 톨스토이는 '중요한 일', '단순한 생활'로 표현했던 것 같다.

— 참으로 중요한 일에 종사하고 있는 사람은 그 생활이 단순하다. 그들은 쓸데없는 일에 마음을 쓸 겨를이 없기 때문이다.

오히려 '락온'만 되었다면 그 문제를 벗어나 있을 때, 아이디어가 잘 튀어나온다. 필자도 가장 아이디어가 잘 떠오르는 때는 혼자 운전을 하거나 설거지를 할 때다. 두 가지 활동이 다 정신을 완전히 집중해야 하는 일이 아니다. 수십 년의 운전 경험으로 늘 다니는 길을 운전할 때는 긴장이 약간 풀리면서 여유가 생긴다. 설거지도 그런 여유가 있다. 요리할 때는 아무리 능숙한 쉐프라고 해도 긴장한다. 레시피를 비롯해 화력의 강도와 시간, 재료의 선도와 양념의 양 등 신경 쓸 일이 많다. 그러나 설거지는 큰일을 잘 치르고 난후의 안도감과 여유가 있다. 이런 상황에서 해결해야 할 문제가 있다면, 우리는 쉽게 문제에 락온이 되고, 어느 순간 '결합'으로 진행되면서 아이디어가 번득이는 것이다.

결합: 아이디어가 응고된다

자신의 머릿속에 있던 생각을 그대로 쏟아내는 것은 아이디어가 아니다. 자신의 기억 속에 있던 개념을 표현하는 것이나, 흔히 우리가 학교에서 공부한 것을 그대로 표현하는 것은 기억이 되살아나는 것일 뿐 아이디어는 아니다. 문제에 대한 새로운 해결책이 아이디어다. 아이디어가 전혀 새로운 것으로만 이루어질 수도 있지만, 전형적인 형태는 과거 기억의 일부와 다른 무엇인가가 결합하는 것이다.

그것이 다른 사람의 생각이든 나의 다른 경험이든 무엇이라도 좋다. 새로운 발상이 튀어나와야 하는데, 이 과정이 쉽지 않다. 그 어려운 과정을 통해서 튀어나오는 것이 아이디어가 된다. 이때 그것이 제대로 아이디어가 되기 위해서는 결합의 과정을 거쳐야 한다. 이 과정이 생리적으로는 우리의 뇌 안에서 새로운 신경세포의 연결이 이루어지는 순간이다.

문제 해결을 위한 막연한 생각들은 문제의 핵심에 대한 인식과 의식적 또는 무의식적으로 축적해왔던 개념들이 뒤섞이면서 하나의 아이디어로 응고되기를 기다린다. 그러다가 어떤 자극, 주로 외부의 자극이 주어지면 스파크가 일어나듯이 아이디어가 된다. 이 순간을 필자는 '결합'이라고 부른다. 이 단계가 글로 설명하듯이 명확한 것은 아니다. 문제를 인식하는 '락온'의 단계와 비슷하기도 하고, '결합' 이후의 단계로 구분하는 '전환'의 단계와도 맞닿아 있다. 명확히 이것이 '결합'인지 아니면 '전환'인지 구분하기 어려울 때도 있다. 아이디어의 1차적 발상은 이 '결합' 단계에서 일어난다. 그러다가 아이디어 발상자의 두뇌가 계속 같은 문제나 1차적 아이디어에 '락온'이 돼 있으면, 어느 순간 '전환'이 일어난다. 이 '전환' 단계에서 나오는 아이디어가 대부분 결합 단계의 아이디어보다 성공 가능성이 크다.

아이디어 발상에서 가장 중요한 것이 바로 이 결합의 순간이다. 머릿속에서 아이디어의 응고가 일어나기 시작하면, 이것이 '결합'이 이뤄지는 단계다. 어떤 아이디어라도 떠오르면 체면을 차릴 것 없다. 일단 쏟아내기 시작해야 한다. 우리들의 뇌 구조는 우리의 두뇌에 인풋 되는 것은 많으나, 그것들이 배출되지 않는 문제가 있다. 초기의 아이디어는 형편없고 논리도 없지만 무엇이라도 튀어나오기 시작하면 된다. 그것들을 잡아내는 것이 우선이다. 형편없는 초기의 아이디어들이 있어야 그 다음 단계가 가능하다.

결합이 일어나면서 우리의 두뇌는 점점 더 문제에 몰입하게 된다. 동시에 이 문제와 관련된 상식과 편견은 버린다. 이미 알려진 상식에 매몰되면 새로운 생각(결합)은 달아나버리기 때문이다. 그렇다고 생각이 한쪽에 치우쳐서도 아이디어는 나오지 않는다. 마음 비우기 또는 열린 마음의 상태로 비움과 채움을 반복하는 게 중요하다. 그래야 점점 더 집중하고 몰입하게 된다. 전형은 버리고 원형은 찾아서 다시 만들어본다. 어느 순간 맥락이 파악되는 통찰의 순간이 온다. 그 순간에 떠오르는 바로 이거다! 하는 생각이나 느낌이 기억의 조각들, 즉 개념들이 결합하는 순간이고, 아이디어다.

넓어야 할 때와 깊어야 할 때

우리가 아이디어를 내기 위해 잘못하고 있는 일은 넓게 생각해야 할 때 생각의 깊이를 강요한다는 것이다. 아이디어 발상을 할 때는 넓게 생각해야 한다. 특히 '락온'이 되고 난 이후, 결합의 단계에 있다고 느낄 때는 넓고도 얕게 생각해야 한다. 이것을 위해서는 시간을 의도적으로 충분히 갖는 것이 필요하다. 문제에 대한 해결책으로 특정 아이디어가 떠오른다면, 그 초기 아이디어를 자주 접하는 노트나 컴퓨터에 적어 놓고 잊어버려라. 그 아이디어에 빠지면

아이디어 1퍼센트의 법칙

다른 아이디어들이 떠오르지 않는다. 적어 놓고 의식적으로 잊어버리는 것이 생각을 넓게 하는 방법이다.

　문제와 관련이 없는 다른 일에 빠져보는 것도 좋다. 잡지를 읽거나 다른 사람들과 대화를 나눠보자. 문제에 관련된 생각은 할 수있지만, 자신에게 떠오른 최초의 아이디어에 집중하는 건 피해야한다. 의도적으로 깊은 생각을 피하고, 넓고 얕게 생각하는 것이다. 충분한 가능성을 찾아야 할 때 하나의 생각에 빠져버리면, 그 가능성은 우리 뇌의 저 깊은 기억 속으로 숨어버리기 때문이다.

넓은 생각과 깊은 생각은 종류가 다르다. 동시에 넓고도 깊은 생각을 하지 못한다면, 시차를 두고서 넓었다가 깊었다가 하면 된다. 결합의 단계에서는 의도적으로 넓게 생각하라. 깊이 생각하지 마라. 그러면서 작은 아이디어들을 많이 생각해본다. 떠오르는 대로 기록하는 것만은 잊지 말자. 기록하고 곧 잊어버리는 것이다. 이것이 우리가 해야 할 전부다. 아이디어의 발상은 어쩌면 이런 단계들이 동시에 합쳐져서 일어날 수도 있다. 그 발상의 단계를 잘게 쪼개서 보자면 '결합'의 단계다. 골프 스윙이 일어나는 것은 순간이다. 그러나 그 순간의 동작도 어드레스, 백스윙, 백스윙 탑, 다운스윙, 임팩트, 팔로우스루, 피니시라는 골프 스윙 7단계의 구분 동작이 합쳐진 것이다. 아이디어 발상도 이와 흡사하다. '락온', '결합', '전환'이 순식간에 일어날 수도 있다.

다른 사람의 생각을 빌려와서 결합한다

다른 사람의 생각을 빌려온다는 것을 잘못 이해하면 다른 사람의 아이디어를 훔치는 것이 된다. 그러나 전혀 다른 곳에서 빌려오는 것은 새로운 아이디어를 만들어내는 것에 크나큰 도움을 준다. 하늘 아래 새로운 것은 없는 법이다. 아이디어는 전혀 다른 곳에서, 전혀 엉뚱한 사람의 생각을 빌려와서 만들어지기도 한다. 역사상 가장 위대한 아이디어 중의 하나로 손꼽히는 자동차의 왕, 헨리 포드의 자동차 조립 설비를 예로 들어보도록 하자.

헨리 포드는 1863년생이니 벌써 150년 전의 사람이다. 그 시대에 엔지니어로서의 삶을 살았고 기업가로서도 성공했다. 전해지는 일화들에 의하면 고집불통의 투사 이미지가 강하나, 그의 어록에서도 알 수 있듯이 성공을 향한 집념과 새로운 아이디어 발상의 핵심을 알고 있다.

— 일의 성공을 위하여 필요하다면 어떠한 조직도 개혁하고, 어떠한 방법도 쓸모 없다면 폐기하고, 어떠한 이론도 포기할 각오가 돼 있어야 한다.

— 내게 성공의 비밀이 있다면, 그것은 다른 사람의 입장을 이해하

아이디어 1퍼센트의 법칙

고, 사물을 다르게 보는 시각이다.

1913년에 그가 자동차 공장에 설치했다는 컨베이어 벨트를 이용한 조립 설비는 대량생산의 시대를 연 획기적인 아이디어였다. 그야말로 창의적인 발상이다. 이 아이디어로 인하여 그가 만들어낸 자동차 T의 가격이 825달러로 책정될 수 있었고, 마침내 자동차 대중화의 시대를 열었다. T 이전의 자동차는 재벌이나 한 나라의 국왕 정도가 타는 '그림 속의 떡'이었을 뿐이다. 지금도 이 컨베이어 벨트 시스템은 완성차를 생산하는 모든 자동차 공장에서 이용하고 있다.

헨리 포드가 이 컨베이어 벨트 시스템의 아이디어를 빌려온 곳은 참으로 엉뚱하게도 소를 도살해서 해체하는 도살장이라고 한다. 막 도살한 소를 천정에 달린 컨베이어 벨트에 걸고, 여러 명의 해체사들이 일정한 간격으로 늘어서 있었다. 스위치가 켜지고 컨베이어 벨트가 일정한 속도로 돌면서 해체사들은 자신이 맡은 부위만을 칼로 해체해낸다. 헨리 포드는 이 모습을 보고, 거꾸로 자동차를 조립하는 자동화된 조립 설비의 모습을 떠올린 것이다. 헨리 포드는 도살장의 소 해체 시스템을 빌려와서 자동차를 조립하는 컨베이어 시스템의 아이디어를 완성할 수 있었다.

이 시스템의 설치로 자동차 조립의 시간이 12시간 30분에서 2시간 40분으로 줄어들었다고 한다. 거의 400% 이상의 생산성 향상이다. 이런 시스템의 생산성 향상을 바탕으로 그 당시 헨리 포드는 자신의 공장 노동자들의 임금을 획기적으로 올렸다. 일일 최저임금을 전격적으로 5배나 올릴 수가 있었다. 현재 우리나라 자동차 회사들도 이 컨베이어 조립 시스템을 사용하고 있다. 자동차 조립 공장 설비에 도입한 컨베이어 벨트에서 차가 한 대 조립되어 굴러나오는 시간을 'tack time'이라고 한다. 요즈음은 그 시간이 1분이하다. 불과 수십 초 만에 자동차 한 대가 조립돼 나오는 것이다.

결합과 전환

최근에 '창의적 발상' 또는 '창의력'이 강조되면서, 필자가 언급하는 아이디어에 대해서 많은 사람이 연구하고 있다. 그중 유명한 TED 강연에서 언급되는 이야기를 필자도 흥미롭게 들어봤다. 작가 스티브 존슨(Steve Johnson)의 '탁월한 아이디어는 어디에서 오는가?'라는 제목의 강연이 그중 가장 인상적이었다. 그가 말하는 핵심은 아이디어는 다양한 사람들의 생각이 충돌하는 과정에서 튀어나온다는 것이다. 이를 '아이디어 네트워킹' 또는 '아이디어가 섹스한다'라는 표현을 쓰기도 한다.

영국의 화가인 윌리엄 호가스(William Hogarth)의 〈탕아의 일대

아이디어 1퍼센트의 법칙

기(The Rake's Progress)'라는 그림을 보여주며 정치 토론이 벌어지고 있는 선술집의 저녁 식탁의 모습을 그린 이 그림과 네트워킹의 장면이 흡사할 것이라고 설명한다. 필자가 말하는 '아이디어의 결합'이나 '아이디어의 전환'이 일어나는 것을 여기서는 '네트워킹'이라고 표현하는 듯하다.

영국으로 대표되는 서양 문화에서 토론은 자연스럽다. 토론할 때는 격렬하더라도 한쪽이 승복하거나, 결론이 맺어지면 그것에 따르는 것이 토론 문화에 익숙한 서양 사람들이다. 이 네트워킹의 전제 조건도 참석하는 사람들이 각자의 발상을 하고 있을 때 효과가 발휘된다. 비슷한 분야이든 전혀 다른 분야이든 자신이 가진 발상이든 최소한 연관된 '개념'은 갖고 있어야 네트워킹할 수 있다. 정치가 곧잘 토론으로 이어지는 주제가 되는 것은 정치가 모든 사람의 삶에 영향을 미치고 사람들 대부분 정치에 대해선 나름의 '개념'을 갖고 있기 때문이다.

중요한 점은 '네트워킹'을 통해서 발상자가 고민하던 문제의 아이디어 결합을 경험하거나, 이미 어느 정도 떠올린 아이디어의 전환을 일으키는 것이다. 이를 위해서는 발상자는 열린 마음으로 임해야 한다. 격렬한 반대라고 해도 이를 자신의 아이디어에 필요한 쓴 약으로 생각하고 오히려 반대되는 의견에 감사해야 한다. 자신의 생각을 들어주고 그것을 발전시킬 조언까지 해준다고 생각한다면 고마운 일이다. 현실에서는 이 부분이 참으로 어렵다. 반대를 위한 반대를 하거나, 아니면 사적이거나 공적인 이유로 적극적인 반대를 하지 않는다. 따라서 초기의 부족한 아이디어가 수정되거나 전환되지 않아서 사라지거나 실행에 성공하지 못하는 쓸모없는 아이디어가 돼버리는 것이다.

전환: 통렬한 반대가 아이디어에는 약이 된다

아이디어를 건지는 것은 넓은 개울물에서 물고기를 잡는 것과 같다. 물고기를 좁은 방향으로 몰아가서 좁고 깊은 목에서 물고기를 잡아낸다. 넓은 곳에서 모이는 물고기들은 최초의 아이디어들이다. 최초의 아이디어들은 '결합'의 결과들이다. 그 아이디어 중에서 제법 괜찮은 아이디어를 건질 수 있다. 그러면 사소한 아이디어는 버리고, 가장 씨알이 좋은 아이디어를 선택해야 하지만, 이것도 수정하고 변형해야 한다. 짧은 시간 동안, 순간적으로 떠오른 생각들이 완벽할 수는 없기 때문이다. 아이디어가 초기에서 변형의 단계를 거치는 이 과정을 필자는 '아이디어 전환'이라고 한다.

사람의 생각은 직선적이다. 한쪽으로 생각하기 시작하면 계속 그 방향으로 생각이 진행된다. 아이디어도 마찬가지다. 고생고생해서 새로운 아이디어가 튀어나왔다고 하자. 이 아이디어는 한쪽

아이디어 1퍼센트의 법칙

으로 계속 달려가게 마련이다. 필자가 말하는 '전환'의 과정이 없다면 아이디어는 대부분 발상에서 같은 방향으로 진화한다. 초기의 흐릿한 아이디어가 좀 더 구체적으로 변하기는 하지만 같은 방향의 선상에서 발전하는 것이다. 나 혼자 생각할 때 아이디어는 자유롭게 한 방향을 향해 나아간다. 생각의 나래를 전개해나가는 것이다. 혼자의 생각이니 방해는 없고 불가능한 것도 없다. 모든 것이 자유로우며 사용할 수 있는 자원은 무한하다. 그 상상의 나래가 일정 정도 커지면 제법 완성도를 갖추고, 스스로 생각해봐도 대견하다. 그래서 마치 위대한 아이디어가 만들어진 것 같은 착각에 빠져서 교만해져 있을 때다.

이것을 어느 순간 다시 냉철하게 바라보고 제대로 방향을 잡아주는 과정이 '전환'이다. 필자도 수없이 경험했지만, 스스로 자신의 아이디어를 바꾸기는 쉽지 않다. 그러나 나의 아이디어에 대해서 갑자기 엄청난 반대에 부딪히게 될 때, 좀 더 정확히 말하자면 나의 아이디어가 엄청난 욕을 들어먹을 때, 갑자기 깨어나듯이 '아이디어 전환'이 일어난다. 초기의 아이디어에 대해 무조건 긍정적인 평가를 듣게 되더라도 아이디어 발상자는 거의 반응하지 않는다. 그 아이디어에 대한 다른 사람들의 반대 의견에 자극을 받아야 귀를 기울여 볼 마음이 생긴다.

필자의 경우라면 주로 아내에게 슬며시 이야기해본다. 주로 달리는 차 안에서 이뤄진다. "그게 말이야, 이런 사업을 하면 어떨까?" 슬며시 사업 아이디어를 언급하기도 하고, 마치 다른 사람의 이야기처럼 간접 화법을 통해서 말해보기도 한다. 대부분은 통렬한 비난이 쏟아진다.

"그게 말이나 되니? 돈이 얼마나 많이 드는데. 당신은 뉴스도 안 봤어? 벌써 그 제품은 나왔거든."

그 순간 나의 위대한 아이디어는 초라하게 구겨지지만, 아이디어는 다시 조립된다. 이것이 혹평에 대한 반응이다. 조심해야 할 것은 아이디어 발상자는 크게 혹평을 받게 되면, 실망하여 바로 그 아이디어를 포기한다. 그러나 다른 사람의 반대를 역으로 이용하여 초기 아이디어의 허점이나 약점을 보완하는 전환의 기회로 활용한다면 우리는 위대한 아이디어를 만들어낼 수도 있다.

양이 질을 만든다

아이디어가 흘러나오는 구조는 참으로 미묘하다. 우리가 유리잔에 물을 채운다고 생각해보자. 아주 섬세한 입구를 가진 주전자로 물을 붓는다. 가는 물줄기가 유리컵에 떨어진다. 거의 물컵의 전부를 채우고, 아직 다 차지 않은 상태에서 물이 주전자의 입구에서 방울이 되어 떨어진다. 한 방울, 또 한 방울, 아직 100% 채워지지 않았다. 다시 한 방울 완전히 채워졌고, 다시 한 방울이 더해지면서 유리잔의 물은 막 넘치기 시작한다. 그 상태는 물 한 방울이 막 움직이며 흐르는 것으로 '플로(Flow)'다. 이 순간에 아이디어가 발현된다. 아이디어 자체는 동적이다. 그러나 유리잔이 100% 채워져야 물이 넘쳐 흐르듯이, 문제에 대해서 축적된 것(stock)이 있어야 넘칠 수 있다. 아이디어는 이 축적된 것을 기반으로 생겨난다.

아이디어는 무조건 말해보라

아이디어가 발현되기 위해서는 또 하나 중요한 요소가 있다. 내 머릿속에 머물러 있는 아이디어는 아무 소용이 없다. 어떤 형태로든 말해야 한다. 아이디어는 주로 다른 사람들에게 이야기하는 것이 가장 흔한 표현의 형태다. 예술의 영역에서는 이런 표현의 기법이 정해져 있다. 모차르트라면 음악적 아이디어, 즉 악상이 떠올랐을 때 어떻게 할까? 당장 피아노 앞으로 달려가서 그 악상들을 건반에 두드려보고 그것이 기억에서 사라지기 전에 오선지에 그려낼 것이다. 그러나 예술의 영역이 아닌 일반적인 분야에서 아이디어를 전하는 방법은 언어다. 그것도 글보다는 말이다. 다른 사람들에게 말로써 아이디어를 설명한다.

아이디어는 극히 내부적 산물이다. 내부적이라는 말은 아직 완성되지 않은 미숙성 단계라서 허점이 많은 비논리적 상태라는 뜻이다. 한마디로 자신의 내부에서는 무엇인지 감지할 수 있지만, 그것을 다른 사람들에게 표현한다면 논리에 맞지 않으며 눈에 드러나는 한계가 많다. 따라서 초기의 아이디어는 상대방으로부터 비난받기 십상이다.

정상적인 사고를 하는 사람이라면 다른 사람의 초기 아이디어를 듣고서, "야, 정말 기가 막히게 좋은 아이디어야!"라는 말을 하지 않을 것이다. 다른 사람의 비난을 무릅쓸 용기, 그 엄청난 두려움에 맞서는 용기가 있든지, 아니면 두려움 자체를 아예 모르는 사람들만이 자신의 아이디어를 다른 사람들에게 말할 수 있다. 거의 모든 아이디어맨이 처음에는 정상적인 다른 사람들로부터 비난받는 이유다.

두려움 자체를 모르는 사람들이 있다. 특히 다른 사람들의 비난을 들어본 경험이 없어서, 타인의 시선에 대한 두려움이 없는 사람들이다. 바로 어린아이들이다. 생각해보라. 얼마나 아이디어가 차고 넘치는가? 그들은 머릿속에 떠오르는 대로 지껄인다. 어린아이들의 엉터리 같은 아이디어에 대해서 우리는 한결같은 찬사와 격려를 보낸다. 아이들이 아이디어를 잘 낸다는 것은, 황당하고 어처구니없는 아이디어라도 서슴없이 말한다는 의미다.

　초기의 아이디어가 좋은 아이디어이기는 어렵다. 그러나 아이디어라고 생각되면 무조건 얘기해보라. 비난을 좀 받으면 어떤가? 떠오르는 대로 자꾸 얘기하고 설명하다 보면, 언젠가는 기가 막히게 좋은 아이디어를 만들어낼 수 있다.

1%의 법칙

필자의 경험에 의하면 아이디어는 절대적으로 양이 질을 결정한다. 좋은 아이디어나 창의성이 넘치는 위대한 생각은 수많은 아이디어 중에서 나온다. 머리가 좋고 나쁘다는 것은 창의적인 것과는 전혀 상관이 없었다. 공부를 잘하는 사람이나 못하는 사람의 차이도 없다. 많이 생각하면 아이디어는 자연스럽게 나온다. 아이디어가 없는 사람은 생각하지 않기 때문이다. 어쩌면 그런 사람들은 생각하는 것을 힘들어한다. 생각하는 방법을 모르거나 생각하는 연습이 되어 있지 않기 때문이다. 아무리 인공지능이 발달해도 인공지능이 하지 못하는 일이 아이디어를 만들어내는 것이다. 아이디어는 공장에서 자동차를 만들 듯 기계적으로 생산할 수 있는 것이 아니다. 사람의 머리로 생각해야 한다. 사람의 머리로 생각해낸 많은 것들 중에서 탁월한 아이디어가 튀어나온다. 그래서 아이디어는 먼 과거에도 존재했지만, 인공지능이 인간의 지능을 대체해버리는 가까운 미래에 더욱 인간의 영역으로 남아 있을 것이다.

창의성이 핵심인 온라인 게임 업계에서 수십 년을 보내면서 끊임없이 스스로 묻고 경험하면서 내린 결론이 있다. '1%의 법칙'이다. 창의성은 아이디어에서 출발한다. 아이디어가 떠올랐다고 해서 그것이 바로 제대로 된 아이디어가 아니다. 수많은 아이디어 중 겨우

아이디어 1퍼센트의 법칙

한두 개가 제대로 나오고, 그것들 중에서 실현되는 것은 극히 제한적이었다. 그 확률이 대략 1% 정도 된다.

100개의 사업 아이디어를 떠올리고 고민해야 겨우 한 개 정도의 사업 아이템을 잡을 수 있다는 것이다. 다시 말하자면 100개 정도의 아이디어를 쏟아보면, 정말 좋은 아이디어가 하나쯤 튀어나온다는 것이다. 그 좋은 아이디어가 처음에 바로 튀어나오면 다행인데, 실상은 그렇지 않다. 말도 안 되는 것부터 쓰레기 같은 아이디어까지 다 나오고 난 뒤에 탁월한 아이디어가 튀어나온다.

현실에서 맞부딪치는 문제는 어쩌다 튀어나온 아이디어가 좋은 것인지 도무지 평가하기가 힘들다는 것이다. 아이디어 대부분 실행까지 해야 그것의 가치를 평가할 수 있다. 그런데 지금 막 떠오른 아이디어가 좋은 것인지 쓸모없는 것인지는 알기가 어렵다. 그렇다고 무조건 실행한다면 그것도 현실적으로는 자원이 많이 사용된다.

실행해보지 않고 평가하는 방법은 하나뿐이다. 다른 사람들의 의견을 들어보는 것이다. 사람들은 대부분 다른 사람의 아이디어에 관심이 없다. 가장 좋은 평가는 나와 경쟁 관계에 있는 사람에게서 나온다. 그만큼 나의 아이디어에 관심이 있기 때문이다. 바로 이 부분에서 '적과의 동침'이 필요하다. 아이디어가 공개되면 보안에 노출될 위험은 있다. 그러나 나와 바로 경쟁하는 적만큼 정확하게 나의 아이디어를 평가해줄 사람은 없다. 보안과 평가에 적절한 균형이 필요한 이유다.

아이디어 발상의 자동화

아이디어 발상이 획일적일 수는 없다. 사람마다 최적의 방법이 다를 수 있고, 훈련하고 익숙해지면 그것이 곧 자신에게 맞는 가장 좋은 발상법이 된다. 여기에서는 필자의 경험을 바탕으로 사람들이 대부분 적용할 수 있는 실용적인 방법을 제시해보고자 한다. 이 방법을 그대로 따라도 좋지만, 이것을 익힌 뒤에 자신에게 맞는 세부적인 방법은 변형해보는 것이 더욱 좋다.

아이디어 발상은 두 가지 다른 접근법이 있다. 얕고 넓게 생각하는 방법과 하나를 붙들고 깊게 생각하는 방법이다. 필자는 초기 아이디어 발상에서는 얕고 넓게 생각하는 방법을 선호한다. 즉, 무조건 양적으로 많은 아이디어를 생산해내는 것이다. 그런 다음, 다시 하나하나 그 아이디어들을 평가하면서 몇 가지를 골라내고 그것을 기반으로 다시 깊게 전환하는 방식이다.

이 방식에서 아이디어 발상이 저절로 일어나게 하는 것이 중요하다. 내가 의식적으로 아이디어를 생각하기보다는 나의 두뇌(내

안에 있는 또 다른 나)가 자동으로 아이디어를 생산하게 하는 방식이다. 이것을 필자는 '나의 두뇌가 문제를 락온한다'라고 표현한다. 마치 나의 두뇌가 문제를 표적으로 삼아 붙잡고 늘어지게 한다는 뜻이다. 시간상으로 '락온'이 일어나기 전에, 먼저 의식적으로 내가 문제를 정확하게 인지할 필요가 있다. 즉, '락온'을 구분 동작으로 분리하면, '문제 인식'과 '락온'이 되는 것이다.

전체를 보면서 틈을 찾아라

아이디어는 특정한 문제를 해결하는 방안이다. 문제가 존재하고 그것에 대한 답이 곧 아이디어다. 가장 선행돼야 할 것은 문제에 대한 명확한 인식이다. 문제의 핵심을 정확하게 파악한다면 해답은 언젠가는 튀어나온다. 문제를 파악하는 가장 기본적인 방법은 '관찰'이다. 사태의 파악은 관찰에서 나온다. 이 관찰을 대상이나 사건을 바라보는 관점의 방향에 따라서 '외부적 관찰'과 '내부적 관찰'로 나눌 수 있다.

외부적 관찰에서는 우선 문제의 전체를 바라본다. 문제에 영향을 줄 수 있다고 생각되는 것들은 가능하면 많이 포함한다. 그 다음 단계에서는 전체를 훑어보면서 '틈'을 찾아낸다. 틈은 전체의 흐름에서 이상하게 느껴지는 부분이다. 뭔가 어색하게 보인다면 그것이 바로 문제로 향할 수 있는 틈새가 될 가능성이 있다.

이 틈을 설명하는 좋은 사례가 있다. 아주 오래전에 방영된 미국의 인기 TV 드라마 중에 〈명탐정 몽크(Monk)〉라는 범죄 시리즈물이 있었다. 주인공 몽크는 자동차 폭발 사건으로 아내를 잃은 후 큰 충격에서 빠져나오지 못한다. 어릴 때부터 독특한 강박관념에 사로잡혀 많은 사람이 모인 곳과 어둠을 두려워하는 증세를 보였는데, 아내를 잃은 후 이 증세가 심해진다. 결국 경찰관이었던 그는 정직까지 당하게 된다. 그래서 샌프란시스코 경찰국의 살인 사건 전담반에서 임시직으로 자문을 하는 탐정으로 활동한다. 강박관념 때문에 보통 사람과는 다른 행동을 많이 하지만, 그의 탁월한 추리 능력으로 수많은 난제 사건이 해결된다. 이 몽크가 살인 사건 현장(크라임 씬)에 나타나면 트레이드 마크처럼 하는 행동이 있다. 왼손의 엄지와 검지로 직각을 만들고, 오른손의 엄지와 검지로 직각을 만들어서, 손가락 네 개로 조그만 사각형을 만든다. 이 손 사각형을 통해서 사건 현장의 전체를 훑어보면서 '틈'을 찾는다. 그가 틈을 찾는 방법은 사건 현장 전체를 여러 개의 부분으로 나누고, 그 부분 각각을 그의 손 사각형을 통해서 들여다보는 것이다. 손 사각형 안을 들여다볼 때는 그 사각형 내부 이외의 다른 부분은 전부 생략한다. 그 부분만 집중해보면서 어색한 부분을 찾아내는 것이다.

그가 찾는 것은 '의도하지 않은 자연스러운 어색함'이다. 범인들은 범행 전후에 수사의 방향을 헷갈리게 할 목적으로 의도적으로 사건 현장을 흩뜨려놓는다. 그것은 의도적인 어색함이다. 그런 어색함이 아닌, 자연스러운 어색함이 존재하면 그것을 '틈'으로 보는 것이다.

우리가 바라보는 문제에도 이 방법을 응용할 수 있다. 가령, 회사의 이익이 갑자기 감소한다고 하자. 이익 감소는 당장에 나타난 현상이지만, 이것을 일으킨 '문제'가 무엇인지는 아직 알 수가 없다. 매출액의 감소. 경쟁의 심화. 비용의 증가. 인플레이션. 제품의 질이나 서비스의 저하. 인력의 증가 등 이 현상에 영향을 줄 수 있는 많은 요인이 문제로 작용할 수 있다. 그 전체를 훑어보면서 흐름이 어색한 '틈'을 관찰한 후, 전체를 수집하고 분류하여 각 부분을 살펴서 '틈'을 찾는다. 지금 당장의 현상에 직접적인 요인이 될 수 있는 몇 개의 '틈'을 찾아서, 그것을 집중하여 분석하면 문제의 핵심에 이를 수 있다.

내부적 관찰은 상대방의 관점에서 공감하는 방법이다. 상대방의 불평이나 호소에 대해서 무조건 경청한다. 중간중간에 개입하거나 상대방의 말을 절대 비평하지 않는다. 상대방에게 온전히 감정 이입을 해서, 순전히 그의 관점에서 문제를 파악하고 핵심적인 부분을 정의한다. 이때 중요한 것은 상대방의 모든 불평을 기록해본다는 것이다. 상대방이 논리적으로 정리해서 말하지 않더라도 일단 모든 불평을 경청해서 기록한 다음, 그 전체를 보면서 흐름이 어색한 틈을 살핀다. 만약 불평하는 상대방이 다수이면 가능한 한 많은 사람의 불평을 경청해본다. 겹치는 것이 있으면 그것이 우리가 찾는 '틈'일 가능성이 크다. 그 몇 개의 틈을 집중적으로 분석하면서 핵심 문제에 접근한다. 핵심 문제에 이르렀다면 그것을 기록해서 문제를 명확하게 정의해야 우리의 뇌리에 인식된다.

락온이 되는 순간

문제가 명확하게 정의됐다면, 이제는 그 문제를 우리의 뇌가 계속 집중할 수 있도록 인지시키는 단계다. 문제가 명확하게 정의될수록 쉽게 '락온'이 된다. 이 단계에서는 철저하게 혼자서 이행해야 한다. 이 단계에서 다른 사람과 의견을 주고받는 것은 오히려 문제를 호도할 수 있고, 성급하게 해결 방안으로 넘어가는 실수를 저지르기 쉽다. 자신만의 경험을 바탕으로 자신의 관점에서 문제를 정의하고 나름대로 해결책에 도달해보는 것이다. 여기에서의 해결책이 최종 문제 해결의 아이디어가 아닐 수 있다. 물론 상황에 따라 이것이 최종 문제 해결의 아이디어일 수 있지만, 때로는 중간 단계

아이디어 1퍼센트의 법칙

의 아이디어로서 나중에 다른 것으로 바뀔 수도 있다.

이 단계에서 우리의 뇌가 편안함을 느끼게 해주는 것이 중요하다. 뇌가 편안함을 느끼는 것은 사람마다 다를 수 있다. 커피를 마시거나 특정한 물건이나 분위기에 접할 때 편안함을 느끼는 사람들도 있다. 사람들이 대부분 창의성이 발현된다고 말하는 때가 바로 이 순간이 아닌가 한다. 필자의 경우는 특정한 노트를 펼칠 때 이 순간을 자주 경험한다. 이런 경험을 바탕으로 '아이디어 노트'라고 하는 그야말로 특수 노트를 제작한 적이 있다. A4보다 작은 A7 크기의 노트다. 속지는 볼펜으로도 잘 써지고, 만년필이나 연필로도 잘 써지는 신문용지로 약 50페이지짜리다. 잘 펼쳐지게 제본을 했고, 겉표지는 검은색 골판지를 사용했으며, 마무리 제본은 종이가 아닌 빨간색의 패브릭 천으로 했다. 휴대가 간편하기도 하지만 빨간색의 패브릭 천이라 눈에 잘 띈다. 필자는 이 노트만 펼치면, '락온'이 쉽게 되는 느낌이다. 이 노트를 보는 순간 모든 잡념이 사라지고, 문제에 집중하게 된다. 마치 몰입의 방아쇠를 당기는 듯하다. 어디를 가더라도 이 노트를 몸에 지니고 다닌다. 집에 있을 때도 항상 눈에 띄는 곳에 두고, 시간이 날 때마다 펼치면 그 순간 '락온'이 된다.

인풋 단계에서는 문제와 관련된 많은 것을 우리의 뇌에 입력시킨다. 문제의 정의는 반복하여 되새기면서, 문제와 관련된 자료와 데이터를 가능하면 많이 입력하는 단계다. 비슷한 사례를 찾아서 연구해보는 것도 좋은 방법이다. 일단 문제가 우리의 뇌에 '락온'이 되고, 많은 인풋이 우리의 뇌 속에 저장되면, 우리의 뇌는 우리가 인식하든 하지 않든 작업을 한다. 거의 자동화된 듯한 프로세싱 과정이다.

일정 시간이 지나면 어느 순간, 문제의 해결책이 떠오르기 시작한다. 최초의 아웃풋이 나오기 시작하는 것이다. 이때에는 아웃풋 하나하나에 집중할 필요가 없다. 떠오르면 떠오르는 대로 무조건 기록으로 남겨라. 머뭇거리는 순간 지나가버린다. 한 번 지나가면 다시 생각나지 않을 수도 있다. 인풋이 많으면 많을수록 아웃풋도 많다. 순간의 아웃풋을 평가하지 말고 하나라도 놓치지 않게 기록하는 것이 중요하다. 머릿속에 떠오른 모든 아이디어를 배설하듯이 전부 쏟아낸다. 모든 아웃풋을 잘 정리했다면 그 다음 단계인 '결합'이나 '전환'의 준비가 된 셈이다.

인공지능이 아닌, 사람의 머리를 빌려라

오래전에 〈스타워즈〉란 영화를 만든 조지 루카스(George Lucas) 감독 밑에서 영화를 함께 만들었던 사람을 만난 적이 있었다. 그는 한국인이었고 캘리포니아에서 디자인 학교를 졸업한 뒤에, 루카스 감독이 특수 영화 효과를 제작하기 위해서 만들었던 회사에서 근무하고 있었다. 속칭 '루카스 사단'의 멤버로 일을 했던 사람이었다. 그로부터 〈스타워즈〉의 에피소드 2인 〈클론의 습격〉 제작에 관한 이야기를 들을 수 있었다. 스타워즈는 SF 영화이기 때문에 온갖 상상력을 동원해야 한다. 많은 배경과 캐릭터들이 컴퓨터 그래픽으로 만들어진다.

루카스 감독은 매주 월요일 아침, 그래픽 디자이너들이 스케치한 스케치북을 검토한다. 수십 명의 디자이너가 그들의 상상으로 그려온 수십 장의 스케치를 보면서, 그중 자신의 마음에 드는 것을 하나씩 골라낸다. 그 속도가 무척 빠르고, 스케치북을 넘기면서 감독이 상상하는 스타워즈에 매칭이 되는 이미지 스케치가 있으면 체크를 하는 식이다.

그는 이런 방식으로 수많은 아이디어 스케치 중에서 의미 있는 이미지를 만들어냈다. 수십 명의 디자이너가 그린 수많은 아이디어 스케치들을 통해서 〈클론의 습격〉에 등장하는 그 기기묘묘한 괴물들의 캐릭터가 만들어졌다. 디자이너들은 자신들의 스케치가 선정되면 잘했다는 표시였고, 선정이 되지 않으면 디자이너의 능력을 의심받는 꼴이 된다는 것을 잘 알고 있었다. 한 주나 두 주는 선정이 되지 않더라도 괜찮았지만 계속해서 자신의 스케치가 채택되지 않는 디자이너들은 스스로 도태되는 시스템이었다.

루카스 감독은 영화에 나오는 캐릭터를 만들기 위한 아이디어를 그래픽 디자이너를 통해서 얻었다. 매주 정기적으로 스케치를 검토할 시간을 갖기 때문에, 디자이너들의 머리는 캐릭터 아이디어에 '락온'이 돼 있었다. 세계적인 거장 밑에서 세계적인 작품을 함께 만드는 일이라 자신의 진로가 달려 있었다. 그 일원이 되거나 아니면 탈락할 것인지가 결정되므로 100%, 120%의 몰입의 효과가 발생한다. 당시 수십 명의 디자이너들은 같은 영화의 캐릭터를 만들어내는 일에 엄청난 경쟁 관계에 있었다. 게으름을 부릴 여유도 없었고, 그럴 이유도 없었다. 사실 루카스 감독이나 회사가 강요하는 것도 아니다. 자신이 하기 싫으면 그 일을 그만두면 된다. 그 일을 하는 이유는 루카스라는 명감독과 함께 일하면서 배우고, 그와 함께 영화를 만들었다는 명성을 얻기 위한 것이다. 자신의 선택이고, 외부적인 강압은 전혀 없다. 개개인의 디자이너들 의식은 물론이고, 그 디자이너들의 잠재의식까지도 동원하는 것이지만, 누구도 그것을 강요하지 않았다.

이 점이 중요하다. 아이디어의 발상을 위해서는 스스로가 원하는 것(그래서 우리는 이 말을 자기가 좋아서 하는 일이라고 다르게 표현한다.)을 위해서 자신의 두뇌를 완전 가동하는 것이다. 우리의 뇌는 참으로 신기하다. 아이디어를 찾아내기 위해서 작동돼야 하는 우리 뇌의 그 부분은 특히 변덕스럽다. 강제성이 조금이라도 보이면 작동을 그만둔다. 조금이라도 틈이 보이면 아이디어 발상을 멈춘다. 다

　　　　　　　　　　　아이디어 1퍼센트의 법칙

른 곳으로 주의를 잠깐 돌리면 아이디어는 저만치 달아나버린다.

그런데 루카스의 이 시스템은 캐릭터에 관한 아이디어를 쥐어짜면서도, 도무지 '강요'라는 말을 갖다 붙이기 힘들게 돼 있다. 아무리 변덕스러운 인간의 두뇌라고 해도 하기 싫으면 언제든지 그만두라고 하니, 강요라고 인정할 수가 없다. 그러면서 묘하게 아이디어 스케치를 검토하는 날이 월요일이다. 이것도 의도가 있는 요일의 선택이다. 아무리 그래픽 디자이너라고 하더라도 아이디어를 짜내기 위해서는 절대적인 생각의 시간이 필요하다. 밤잠도 자지 않고 하루 24시간을 생각해야 하는 것은 아니지만, 그래도 가능하면 많은 시간 새로운 캐릭터를 생각해야 한다. 밥을 먹으면서도 생각하고, 친구들과 놀면서도 생각한다. 다른 일을 하면서도 우리의 두뇌는 돌아간다. 이미 그 일(새로운 캐릭터를 만들어내는 아이디어 작업)에 두뇌가 '락온'이 돼 있으므로, 몸은 다른 일을 하더라도 머리는 아이디어를 생각하고 있다.

루카스 감독은 딱 일주일의 시간을 준 것이다. 월요일 아침, 가장 먼저 그 아이디어부터 체크한다. 그는 적어도 그때 수십 명의 혈기 왕성한(젊은 만큼 아이디어도 혈기 왕성했을 것이다) 그래픽 디자이너들의 두뇌를 100% 아니 어쩌면 120% 이상 완전히 가동할 수 있었다.

그 방대한 아이디어의 양을 바탕으로 루카스 자신의 경험과 아이디어를 더해서 〈클론의 습격〉에 가장 적합한 질 좋은 아이디어를 만들어낼 수 있었다. 영리한 사람이다. 그가 체득한 원칙은 자발적으로 다른 사람의 두뇌를 100% 이상 완전히 가동하는 것이다. 그것이 아이디어 발상의 가장 효과적인 방법이다.

다른 사람의 두뇌를 빌릴 수 있는 여건이 안 되는 사람들은 어떻게 할 것인가? 할 수 없다. 자신의 머리를 활용하는 수밖에. 그런데 나의 두뇌도 강제성을 띠면, 적어도 아이디어를 생산하는 일에서는 멀어진다. 내 두뇌도 자발적이어야 아이디어 발상을 하게 된다.

발상자의 아이디어를 끌어내는
아이디어 비서

아이디어는 순간적으로 스치는 생각의 한 조각을 잡는 것이다. 이 순간, 그 생각의 조각을 기술할 필요가 있다. 이 표현이 완벽할 수는 없다. 순간을 따라 흐르는 생각은 빛처럼 빠르고 생각의 주체인 우리의 뇌에서는 무수한 생각이 스쳐 지나간다. 시간당 수천 개의 생각이 흐른다. 거머쥔 아이디어는 행운이지만 불완전하고 모순투성이다. 그래서 이 아이디어를 처음 떠올린 두뇌에서 여러 번 검토하고, 다시 한 번 좀 더 객관적인 시각에서 또는 다른 사람의 두뇌에서 검토돼야 한다. 이때 다른 두뇌를 가진 사람을 '아이디어 비서'라고 하자. 처음 떠오른 막무가내의 아이디어는 이 아이디어 비서에 따라서 하늘과 땅만큼의 다른 아이디어로 발전한다. "그게 말이나 되는 소리야!"라는 한마디에 최초의 아이디어는 여지없이 깨진다. 그것이 아이디어의 운명이다.

제대로 된 비서의 서비스

제2차 세계대전 중 윈스턴 처칠의 역할에 주목한 영화가 나왔다. 실감나는 연기를 보여준 게리 올드만이 늙은 윈스턴 처칠 역을 하는 〈다키스트 아워(Darkest Hour)〉다. 이 영화를 볼 때 마침 필자도 '아이디어'에 관한 새 책을 쓰느라고 골몰하고 있을 때였다. 그래서인지 그냥 스쳐 지나갈 만한 장면에 신경이 쓰였다. 바로 윈스턴 처칠이 수상으로 임명되기 직전, 그의 개인 비서로 일을 시작한 엘리자베스 레이턴의 역할이다. 청순미 가득한 릴리 제임스가 이 역을 맡았는데, 주로 하는 일이 타이핑이다. 처칠이 구술하는 내용을 구식 타자기로 쳐서, 그때그때 처칠에게 보여주는 장면이 나온다.

당시의 주된 통신 수단은 편지였던 것 같고, 영국 수상 역시 수많은 커뮤니케이션을 편지로 하고 있었다. 간혹 의회에서 연설하거나, 국민 대중을 위한 라디오 연설을 하는 경우가 있었는데, 이것도 미리 편지를 쓰듯이 써내려간 원고를 읽는 것이었다. 〈다키스트 아워〉에서의 윈스턴 처칠의 모습을 주의 깊게 살펴보면 전쟁이라는 긴박한 상황 속에서 온통 전쟁을 위한 전략 구상에 몰입되어 있었다. 머릿속에서는 새로운 생각(아이디어)이 맴돈다. 순간순간 그것을 말로 뱉어내자마자, 비서인 엘리자베스는 타이핑을 한다. 웅얼거려서 못 알아들으면 핀잔도 받지만, 점점 익숙해지자 처

아이디어 1퍼센트의 법칙

칠의 머릿속에 있는 아이디어들을 타이핑하여 종이에 옮길 수 있었다. 처칠은 타이핑한 원고를 읽으면서 수정을 거듭 요청하며 그의 편지를 완성하거나 연설문의 사전 연습을 대신해나간다. 비서인 엘리자베스의 역할이 단순히 타이핑만이었을까?

아이디어 비서

비서의 서비스를 받아본 사람은 그 역할이 얼마나 중요한지 다 알 것이다. 아이디어를 만들어내는 일에도 비서의 도움이 절대적으로 필요하다. 이름하여 '아이디어 비서'다. 아이디어 비서는 일반적인 비서의 업무만 할 필요는 없다. 내가 떠올린 아이디어를 과감하게 평가해서, 형편없는 아이디어를 제대로 된 아이디어로 바꿔줄 수 있는 사람이면 충분히 아이디어 비서의 역할을 다하는 것이다. 나도 아이디어 비서가 필요하지만, 나 자신도 누군가의 아이디어 비서가 될 수 있다.

아이디어는 처음 그것의 모티브를 잡을 때가 가장 어렵다. 뭔가 문제를 인식했을 때나, 아니면 뜬금없이 새로운 아이디어가 떠오를 때, 그것을 붙잡는 것은 전적으로 아이디어 발상자의 일이다. 발상자의 머릿속에서 어떤 생각이 떠오르는지 다른 사람은 절대 알 수 없다. 그러나 발상자의 머릿속을 뻥뻥 돌기 시작하는 아이디어의 초기 형태에서 그것을 구체화하고, 말이나 글이나 그림으로 표현해서, 그것을 외부로 드러내는 일은 매우 중요하다. 혼자 할 수밖에 없는 일이지만, 이런 일에 경험이 있는 다른 사람의 도움을 받으면 의외로 쉽게 머릿속을 맴도는 아이디어를 잡아낼 수 있다. 그 역할을 해주는 사람이 바로 '아이디어 비서'다.

아이디어는 잡아내는 것이다

필자의 경험에 의하면, 초기 아이디어가 떠오르는 것은 혼자 있을 때다. 주로 운전할 때 아이디어가 잘 떠오른다. 운전이라는 행위 자체가 나의 온 신경을 100% 이상 집중시키는 것이 아니고, 제법 편안하게 운전할 수 있는 경지에 도달했기 때문이다. 초보 운전자에게는 어림없는 일이지만, 대체로 운전 경험이 많은 사람은 운전할 때 긴장하기보다는 편안함을 느낀다. 운전할 때의 편안함은 음악을 들을 때나 사우나에서 목욕하는 것처럼 몸과 마음이 이완되는 편안함과는 다르다. 크게 긴장하지는 않지만, 모든 의식은 살아있고, 신체의 감각도 열려 있는 상태다. 운전하는 상태에서 쉽게 문제에 '락온'이 되는 것이다.

이때 어떤 아이디어가 떠오르면, 나의 의식은 바로 이 떠오른 아이디어에 집중된다. 적당히 긴장하고 있기에 그 아이디어를 다시

아이디어 1퍼센트의 법칙

굴려서 생각해볼 수도 있고, 앞으로 생각을 진행해나갈 수도 있다. 그러나 운전이라는 행위를 하고 있기에 적당한 몸의 움직임도 있고, 두뇌도 적당히 바쁜 상태다. 잡생각을 또 하나 떠올리기는 어려운 상황이라서 초기의 아이디어에 집중을 계속할 수 있는 것이다. 어떤 아이디어라도 생각하는 시간은 필요하다. 아이디어를 구체화할 수 있고, 아이디어를 표현할 수 있는 단계로 이끌어 가면 아이디어 발상자의 머릿속에서 튀어나오는 상태까지 발전한 것이다. 이 순간이 중요하다. 여기서 아이디어가 나올 수도 있고, 저 멀리 다시 장기 기억 속으로 달아나버릴 수도 있다.

바로 이때, 이런 아이디어의 초기 발상을 가장 먼저 듣는 사람이 중요하다. 떠올린 아이디어를 글로 쓰거나 그림으로 표현할 수 있지만, 가장 효율적인 방법은 말로 표현하는 것이다.

아이디어를 말로 표현하려면 발상자는 자신의 아이디어를 구체화해야 한다. 무엇에 대한 것이고 어떤 형태의 아이디어인지 설명할 수 있으면 아이디어의 합리성이나 논리적인 구조도 갖춰지기 시작한다. 이 단계에서는 아이디어의 형태가 우선이지 아이디어의 논리성이 중요한 것은 아니다. 이때 아이디어 비서가 있다면 무조건적인 반박이 아니라, 이 과정에서 필요한 아이디어의 형태, 즉 그것을 그려낼 수 있도록 아이디어 발상자를 도울 수 있다. 발상자의 머릿속을 맴도는 흐릿한 생각이라 논리적이지 않지만, 전문적인 '아이디어 비서'라면 그것이 어떤 형태인지 표현해낼 수 있다.

말로 표현하든 글이나 그림이든지 발상자의 아이디어를 끌어내는 것이 중요하다. 발상자가 내뱉는 말 중에서 키워드를 잡아내고, 애매한 부분은 다시 질문하면서 확인한다. 그러나 개입을 자주 해서 발상자의 아이디어를 방해해서는 안 된다. 발상자가 나누는 대화, 중얼거리는 혼잣말 등 그의 모든 커뮤니케이션을 최대한 이해하고 기록해야 한다.

발상의 골든 타임

아이디어가 처음부터 위대한 아이디어가 되는 것은 드물다. 여러 사람과의 소통을 통해 방향 전환을 계속하면서, 좋은 아이디어로 바뀔 수 있다. 예를 들어 문제가 명확하게 정의됐고, 그 해결을 위한 아이디어를 찾는 중이라고 하자.

아직 아이디어가 모호하지만 1차 미팅을 한 상황이면, 제대로 된 아이디어 비서는 미팅 내용(아이디어 발상자가 미팅 중에 말한 내용)을 기록한 것을 즉시 정리하여 회의록으로 전달한다. 처칠의 비서였던 엘리자베스 레이턴의 모습을 기억하라. 처칠의 말이 끝나기 무섭게 타이핑한 내용을 처칠에게 가져다주지 않던가! 이 미팅 회의록이 아무리 늦어도 6시간 내에는 전달돼야 한다. 그래야 아이디어 발상자는 퇴근 전에 다시 한 번 자신의 아이디어를 건지기 위해서 노력해볼 여지가 있다. 회의록이 즉시 전달되는 것보다, 2시간 이후에 전달되는 것이 더욱 효과적이다. 아이디어 발상자의 머리도 적당한 망각의 시간이 필요하다. 지속해서 아이디어를 구상한다고 아이디어가 튀어나오는 것이 아니다. 오히려 적절한 두뇌의 휴식(사실은 그 문제를 잊고, 다른 쪽으로 집중하는 일)이 필요하지만, 너무 많은 시간이 지나면 아이디어 발상의 기회가 멀리 달아나버릴 수 있다. 그래서 미팅 후 6시간 정도가 아이디어 발상의 골든 타임이 된다. 아이디어 비서는 그 점을 꿰뚫고 있어야 한다.

성공 확률을 높이는 아이디어 전환

아이디어 비서가 있다면, 한 가지 아이디어에 집중해서 지속적인 논의를 계속해야 한다. 아이디어가 어느 정도 모습을 드러냈다면, 이제 그 아이디어를 평가하고 구체화하는 단계가 필요하다. 초기의 아이디어는 누구의 것이든 형편없다. 아이디어의 모습이 그런대로 명확해진 다음에는 해당 아이디어의 구조와 논리성을 따져봐야 한다. 이 단계에서 아이디어 비서는 과감하게 발상자의 아이디어에 파고들어야 한다. 좋은 아이디어는 긍정적으로 평가하여 발상자의 의욕을 북돋을 수 있어야 하고, 반대로 비논리적이거나 가치가 없다면 좀 더 과장해서 부정적인 의견을 전하는 게 필요하다. 비평의 강도가 셀수록 발상자의 의식에 강한 자극을 줘서 아이디어의 방향 전환이 가능해진다.

아이디어 비서들은 대부분 조금 훈련만 하면 초기 아이디어를 끌어내는 역할을 잘 해낼 수 있지만, 아이디어를 전환하는 역할은 하기 힘들다. 그만큼 한 사람이 자신의 태도를 바꾸기 어렵다. 그러나 이 아이디어의 전환이 일어나야 위대한 아이디어로 성공할 가능성이 커진다. 그저 그런 아이디어에 머물 것인지, 위대한 아이디어를 만들어낼 것인지는 이 전환의 단계에 달려 있다. 제대로 된 아이디어 비서라면, 이 단계까지 함께해야 한다. 최초 아이디어 발상자의 기여도가 100이라고 한다면, 전환을 유도한 아이디어 비서의 기여도는 70은 된다고 생각한다. 그만큼 중요하다.

아이디어 비서가 태도를 180도 바꿔서 전환하는 역할(아이디어에 대해 부정적인 피드백을 전하는 역할)을 할 수 없다면, 다른 방법을 찾아야 한다. 자신의 의견에 반론을 제시할 수 있는 사람을 찾는 것이다. 예를 들어 조직 내에서 경쟁자로 간주하는 팀이나 사람들에게 자신의 아이디어를 노출한다. 초기 아이디어라서 보안의 위험이 있지만, 가장 효과적인 전환을 이뤄낼 수 있다. 경쟁자는 일단 제시하는 아이디어에 반대하려고 한다. 그러나 그것이 의미 있는 반대가 되기 위해서는 아이디어의 허점을 날카롭게 파헤치고 냉정하게 지적해야 한다. 지적 당하면 어떤가? 수정을 거듭하여 위대한 아이디어로 만들어서 결국 성공하면 된다. 그야말로 '적과의 동침'이 아이디어의 전환에는 필요하다.

당신이 아이디어 비서의 도움을 받아서 아이디어를 살려낸다면, 반대로 당신도 누군가의 아이디어 비서가 될 수 있다. 아이디어 비서의 역할을 가장 잘할 수 있는 사람은 아이디어를 고민해본 경험자들이다. 자신이 아이디어를 떠올리는 법을 잘 인지하고 있다면, 다른 사람이 아이디어를 생각할 때 실질적인 지원을 해줄 수 있다. 아이디어 발상을 위해서, 다른 사람과 협업하면 성과를 얻는 데 도움을 받을 수 있다. 다만, 조심해야 할 것은 아이디어 발상자와 아이디어 비서의 역할을 명확하게 해야 한다. 두 사람이 동시에 서로 좋은 아이디어를 내려고 해서는 안 된다. 아이디어 발상자는 한 명이어야 하고, 나머지 사람은 철저하게 발상자의 아이디어를 끌어내는 데 도움을 주는 비서 역할을 해야 한다.

아이디어 비서는 꼭 비서를 하는 사람이 할 필요는 없다. 친한 친구가 될 수도 있고, 직장 내에서 특히 이런 일에 잘 맞는 조력자를 찾을 수도 있다. 조직 내에서 아이디어 비서를 양성하여 아이디어 발상이 꼭 필요한 사람들에게 배정하는 것도 고려해볼 일이다. 단순한 비서가 아니라, 이런 아이디어 비서가 조직의 리더를 도와서 아이디어를 발상하게 한다면 리더의 창의성뿐만 아니라 조직 전체의 창의성도 수직 상승한다.

창의력을 끌어내는 브레인스토밍

지난 직장 생활을 돌이켜보면 회의만 하고 살았다. 나는 말 그대로 '회의 기계(meeting machine)'였다. 글로벌 IT 회사의 중역 회의, 13년간 게임 개발회사의 개발 회의, 서비스 회의, 팀장 주간 회의, 화이트 플랜, 블루 플랜, 조찬 회의 등을 위해 15분 간격으로 회의 일정을 짰다. 사내에서 하는 회의도 모자라서, 도심을 벗어나 경치 좋은 곳으로 달려갔다. 타운 미팅, 플래닝 세션, 회의하면서 밥을 먹었고, 먹고 나면 또 회의였다. 거의 모든 회의와 상황 보고가 끝이 나면 그 다음 바로 이어지는 것은 '아이디어 회의'다.

"지난주 영업 실적, 지역별로 보고해주세요. 자, 우리 부서의 이번 달 목표액이 얼마인지 아세요? 이대로 나간다면, 목표 달성 못합니다. 사내에서 꼴찌 하는 거예요! 신박한 아이디어 없어요?"

"아니, 영업 행사 비용으로 이만큼 예산이 있는데, 이벤트 아이디어가 없어서 영업 비용 못 쓴다면, 이런 바보가 어디 있어요!"

영업 회의, 월간 회의, 실적 보고 회의 등 이름과 참석자는 다양하지만, 따지고 보면 결국 실적 달성을 위한 아이디어 회의다. 우리의 일상 모습 아닌가? 이때 전가의 보도처럼 등장하는 회의 기법이 바로 그 유명한 '브레인스토밍'이다.

이 기법을 고안한 사람은 알렉스 오스본(Alex Osborn)이다. 그는 광고회사 비비디오(BBDO) 창립자의 한 사람으로, 브레인스토밍의 아버지로 알려져 있다. 오스본은 브레인스토밍을 "머리를 써서 어떤 문제를 공격하는 것이다"라고 말했는데, 회의실에서 직원들이 아이디어를 쉽게 꺼내지 못하는 것을 보고 생각했다고 한다. 그는 브레인스토밍 과정에서 참여자가 지켜야 할 4가지 규칙을 제시했는데, 그 규칙만 봐도 창의적인 아이디어 발상에 아주 경험이 많았던 것이 분명하다.

브레인스토밍의 첫 번째 규칙은 '양이 질을 만든다'이다. 브레인스토밍에서는 아이디어의 질보다 아이디어의 개수가 중요하다. 한 연구에서는 대안의 숫자가 많을수록 좋지만 8~15개를 요구할 때가 가장 안정적이며 1인당 25개를 요구할 때는 효과가 반감된다는 연구 결과도 있다고 한다. 실제로 브레인스토밍에 참여해보면, 아이디어의 양을 위해서 별의별 수법을 다 동원한다. 우선 아이디어 몇 개씩을 무조건 써내는 방식이 있고, 어떤 경우는 책을 펴서 제일 처음 눈에 띄는 글자로 시작하는 아이디어를 강제로 말하기 등이다. 아이디어를 계속 짜내다 보면, 우리의 머릿속이 유연해지면서 좋은 아이디어가 솟아나올 수도 있다.

두 번째 규칙은 '비판과 비난을 하지 말 것'이다. 아무리 하찮은 아이디어라도 생각한 사람의 입장에서는 나름대로 이유가 있다. 아이디어 비판을 받으면 분위기에 짓눌려 더 이상 아이디어를 내기 어렵다. 자유로운 분위기가 아이디어를 낼 수 있게 만든다.

세 번째 규칙은 '엉뚱한 아이디어 환영'이다. 브레인스토밍에서는 아무리 엉뚱한 아이디어라도 망설이지 말고 발표해야 한다. 엉뚱한 아이디어가 다른 사람에게 영감을 주어 놀라운 아이디어로 발전할 수도 있다.

마지막 네 번째 규칙은 '아이디어의 결합 및 변형'이다. 브레인스토밍에서는 기존의 아이디어를 결합해 새로운 아이디어가 나오도록 해야 한다. 아이디어란 낡은 요소들의 새로운 결합이라고 한다. 처음에는 전혀 관계없어 보이는 아이디어들이 이유 있는 기준에 따라 결합되면 엄청난 아이디어로 변형되기도 한다.

그런데 왜 실상은 다를까?

여러 사람이 모이면 중구난방식으로 떠들다가 아무 성과도 없이 회의가 끝나거나, 아니면 아이디어는커녕 아무도 이야기조차 하지 않아서 민망스러운 회의가 대부분이다. 필자도 이 브레인스토밍을 수십 년간 해보면서 발견한 이 회의법의 가장 큰 문제는 적용 대상에 있다.

브레인스토밍을 고안한 알렉스 오스본은 아마도 혼자서 광고 아이디어를 짜내지 못하는 직원들을 훈련하려고 했던 모양이다. 교육이나 훈련에서는 집단이 모여서 아이디어를 내는 것이 가능할 듯하다. 그런데 실전에서는 다르다. 집단이 모이면 아무리 환경을 편안하게 만들려고 해도, 눈치를 보게 된다. 조직의 이익이 있고, 구성원들 사이에서의 논쟁이 붙으면 서로 이기려고 한다. 따라서 발언을 주로 하는 사람은 눈치를 보지 않는 목소리 큰 사람들이다. 주로 그런 사람들의 이야기가 아이디어라는 명목으로 회의 규칙의 보호를 받으면서 제시된다.

그러나 그 외의 사람들의 머리는 이미 아이디어 발상과는 동떨어져 있다. 우선 참석자들은 준비도 제대로 안 한 채 자리만 차지하고 있다. 아무리 업무가 바쁘다고 해도 어떤 목적의 아이디어 회의인지 알아보고 자신의 아이디어를 미리 생각해야 하지만 현실적으로 쉽지 않다. 게다가 직급이 높은 사람들과 목소리가 큰 사람들이 나대고 있을 때 끼어들면 모난 돌이 되는 느낌이 들어서 입을 다물게 된다.

주로 목소리 큰 사람들의 아이디어는 형편없다. 시간이 무한정으로 있는 것도 아니어서 한정된 시간의 효율성을 생각하면, 곧잘 규칙은 깨진다. 게다가 다른 사람의 초기 아이디어는 너무도 허술해서 지적하기가 쉽다. 그래서 아이디어를 낸 사람보다는 아이디어를 듣고 지적하는 사람이 논리에서 승리하는 구조일 수밖에 없다. 이런 분위기라면 아이디어는 나오기 어렵다. 발상의 메커니즘이 돌아가기가 불가능해진다. 브레인스토밍의 한계는 여러 명이 함께 아이디어를 구상하면서 혼자 아이디어를 구상할 때의 기법을 그대로 썼다는 것이다. 차라리 네 가지 규칙을 혼자서 하는 아이디어의 발상에 적용해보면 그런대로 괜찮은 방법이다.

아이디어를 함께 내는 회의

회의에는 여러 종류가 있다. 아이디어 회의는 아이디어를 생산하고 공유하는 것이 목적이다. 결정하는 회의와 아이디어 회의는 다르다. 따로 해야 한다. 모든 회의가 아이디어 회의가 될 필요는 없다. 그러나 목적이 다른 '보고 회의' 같은 것은 굳이 회의를 소집하지 않고 업무 처리 과정에서 보고하는 게 오히려 생산성이 더 올라간다.

여러 사람의 아이디어가 필요한 회의가 있다. 제품이나 서비스 개발은 전적으로 다양한 사람들의 아이디어가 필요하다. 여러 사람이 함께 진행하는 복잡한 일에 문제가 생겼을 때도 회의가 소집

아이디어 1퍼센트의 법칙

된다. 거의 모든 회의는 진행이 잘되고 있을 때보다는 문제가 생겼을 때 소집된다. 이때도 아이디어를 낸다면, 의외로 쉽게 효율적으로 문제가 해결된다. 그래서 단순한 보고나 정보 공유는 이메일이나 기타 디지털 도구로 대체하고, 문제를 해결하고 새로운 일을 구상하는 아이디어 회의는 대면으로 진행한다.

효율적인 아이디어 회의가 되려면

우리는 누가 옳고 맞는지를 정하는 토론에 익숙해 있다. 하지만 아이디어 회의는 달라야 한다. 누가 옳고 그르다고 이분화시키는 것이 아니다. 누구든지 아이디어가 필요한 문제를 던지면, 아이디어를 함께 쌓아가야 한다. 토론 방식으로 승부를 가리자고 해서는 아이디어가 나오지 않는다.

우선 문제와 정보를 공유하라. 문제가 무엇인지 명확히 정의하고, 서로 확인해야 한다. 팀장이나 회의 주재자는 좀 귀찮더라도 회의 참석자들, 특히 경험이 많지 않은 직원들을 중심으로 문제를 명확히 알려준다. 아이디어 회의는 상급자나 경험이 많은 사람들만의 아이디어를 구하는 것이 아니다. 참석자 모두의 아이디어를 구하는 것이니 참석자는 문제를 명확히 알아야 한다. 그래야 사전에 참석자 스스로가 문제에 '락온'되는 상태가 되는 것이 좋다.

문제를 파악하지 못한 사람들은 회의에 참석하지 않는 편이 낫다. 아이디어 회의 참석자가 많다고, 아이디어 개수가 늘어나는 것은 아니다. 문제에 '락온'된 적극적인 참석자가 아이디어를 많이 낼 수 있다. 미리 문제를 알려주지 않으면, 회의에서 문제를 처음 접하게 된다. 그러면 참석자들의 마음은 조급해지고, 아이디어가 튀어나오기 어렵게 된다. 물론 예전에 문제를 해결했던 경험은 공유할 수 있지만, 그것이 새로운 아이디어는 될 수 없다.

아이디어 스위치를 켜라

아이디어 회의에 참석할 예정이라면 참석 전에 문제를 정확하게 인지하고 혼자서 아이디어 발상을 위한 스위치를 켜야 한다. 아이디어 스위치는 개인별로 다르다. 자신에게 맞는 아이디어가 잘 나오는 분위기를 직접 만들어가야 한다. 어떤 사람은 소위 '아이디어 노트'를 펼치면 아이디어가 잘 떠오른다는 사람이 있다. 혹자는 반드시 커피 한 잔을 곁에 둬야 하고, 어떤 사람은 꼭 어두컴컴한 카페의 구석 자리에 앉아야 발상이 되기 시작한다고 한다. 무엇이든 좋다. 자신에게 맞는 편안한 분위기나 소품이 아이디어 발상의 스위치 역할을 한다. 그래서 나름대로 이해한 문제를 두고 혼자서 아이디어를 생각해보는 것이다. 만약 문제가 정확하게 이해되지 않는다면 회의를 소집한 사람에게 물어봐서 문제를 명확하게 이해해야 한다. 이렇게 아이디어 회의에 참석하기 전에 혼자서 자신만의 아이디어를 생각하고 정리하는 게 필요하다. 아이디어 회의는 그 자리에서 아이디어를 만들어내는 것이 아니라 미리 각자 생각해본 아이디어를 교환하는 것이다.

다 함께하는 회의

일단 문제를 인식한 회의 참석자들이 각자 개인적인 방법으로 아이디어 스위치를 켠다. 자신의 방법으로 문제에 대해 혼자 브레인스토밍을 해보고, 그때그때 떠오르는 아이디어들은 기록한다. 가능하면 다른 일을 하다가, 다시 그 문제를 상기시켜서 반복적으로 해결할 수 있는 아이디어를 생각해보고 떠오르는 것들은 기록으로 정리한다.

아이디어 회의의 참석자는 가능하면 스스로 아이디어를 잘 내고, 다른 사람의 아이디어를 평가할 능력이 있는 사람으로 정하는 게 좋다. 또는 아이디어를 보완해줄 능력을 갖추고 있거나, 적어도 감정적으로는 신뢰할만한 정서적인 안정감을 줄 수 있는 사람이어야 한다. 각자 자신의 방식으로 정리된 아이디어 기록을 가지고 회의에 참석해서 이 회의에서 주어진 문제를 벗어난 아이디어 정도만 지적할 뿐, 다른 사람들의 아이디어를 분석하거나 평가하지 않는다. 회의를 주재하는 사람은 가능한 모든 사람의 다양한 아이디어들을 다 듣고, 비슷한 아이디어들은 함께 정리해서 전체 아이디어를 목록으로 만든다.

참석자가 자신의 아이디어를 발표할 때 회의 주관자나 다른 참석자들은 긍정적이고 적극적인 반응을 보이는 게 필요하다. 그래야 그 아이디어에 대한 좀 더 자세한 내용을 들을 수 있다. 아이디어에 대한 내용을 준비했을 때도 있지만, 사실 미리 생각해둔 내용은 따로 없는 경우가 더 많다. 그러나 아이디어를 내는 순간 이미 그것에 '락온'되어 있는 상태가 되므로 긍정적인 피드백을 받으면, 그 즉시 새로운 아이디어가 폭발적으로 튀어나오는 경우가 많다.

아이디어 협업의 방식

어떤 조직이든 회의를 통해 나온 아이디어라면, 아이디어 발상자나 듣는 사람이나 적극적으로 그 아이디어를 기록하는 것이 좋다. 아이디어를 발표하는 사람이 기록하면서 발표해도 좋고, 아니면 듣는 사람이 그때그때 들은 내용을 메모하거나, 아니면 주위에 있는 화이트보드에 즉시 쓰도록 한다.

아이디어 1퍼센트의 법칙

이 과정이 아이디어 회의에서 중요하다. 아이디어 회의를 능숙하게 이끌어갈 CIO(Chief Idea Officer)가 있다면 CIO, 아니면 이 아이디어가 절실히 필요해서 아이디어 회의를 소집한 사람이 회의를 이끌어가면 좋다. 그러나 아이디어 회의는 가능한 소극적으로 진행하면서, 여러 아이디어가 추가되고 폭발적으로 결합되도록 하는 게 중요하다. 사회자의 개입 없이 참석자들끼리 서로 아이디어가 마구 수정되고 결합하는 단계라면 아이디어가 끊임없이 형성되는 과정을 조용히 지켜본다. 가능하면 참석자들이 미리 준비해온 아이디어들이 명확히 공유되고, 그 기본 아이디어를 바탕으로 수정해서 결합하도록 유도하는 것이 필요하다. 일정 시간이 지난 후 잠잠해지면, 반드시 그 아이디어들을 기록한다. 필자는 사무실의 인테리어를 할 때, 창문을 제외한 모든 벽면을 화이트보드로 꼭 마감하게 한다. 심지어 거주하는 집의 서재에도 사방은 아니지만 두 면의 벽은 화이트보드로 장식돼 있다. 아이디어 논의를 기록하기 위해서다.

아이디어의 숙성

정리한 기록을 만 하루가 지난 다음 다시 보도록 한다. 어느 정도 흥분의 시간이 지났고, 지난밤의 수면 시간을 통해서, 아이디어 발상자의 잠재의식 속에서도 정리가 됐다. 하루 지나서 다시 그 아이디어를 복기해보면, 수정되는 부분이 많다. 그 이후로 그 기록을 정기적으로 검토해보면서 아이디어를 숙성시켜 나간다. 살아남는 아이디어가 있을 것이고, 대부분은 사라지고 없어질 것이다. 그래도 좋다. 그것이 아이디어의 숙명이다. 중요한 사실은 아이디어를 공격해서 논쟁에서 이기는 것이 아니다. 누군가의 아이디어가 수정돼서 제대로 빛을 발하는 것이다. 같은 조직 안에서라면 그 조직의 누가 발상을 했든 그 조직의 아이디어이고, 그 아이디어가 성공해야만 조직원들에게 보상이 돌아가게 한다. 그 조직은 기업일 수 있고, 크게 보면 국가일 수도 있다.

오픈 오피스가 부럽다?

여러 사람이 모여서 일하는 조직의 경우 사무실 환경도 매우 중요하다. 여기에도 성공의 역설이 작동할 수 있다. 매년 사무실을 옮겨 다니는 벤처 사업가가 절망하는 때가 있다. 강남 한복판의 빌딩 숲 속에 지하철 역세권이면서, 온통 유리로 둘러싸인 오픈 오피스(개방형 사무실)를 볼 때다. 실제로 그런 사무실을 방문할 때보다 잡지나 방송에서 보는 사진이나 동영상들이 더욱 멋지다. CEO의 방은 말할 것 없고, 거의 모든 직원에게도 이런 종류의 오피스가 제공된다. 또한 사무실보다 더욱 잘 꾸며진 공간에 다양한 음식이 준비된 카페가 있다. 최고급 커피는 물론, 미국식 브런치에 유럽식 식사. 그것도 공짜 아니면 원가에 제공된다. 이 나라의 모든 인재라면 자유롭게 일할 공간과 환경을 제공하는 회사에 몰려들 것이고, 그런 인재들을 확보한 회사는 영원 불멸할 것만 같다. 반면 오픈 오피스를 제공하지 못하는 회사의 사장이 느끼는 자괴감과 직원들의 절망감은 크다. 벤처의 원조인 실리콘밸리에서도 이런 차이는 명확하게 드러난다.

그런데 좋은 환경을 만들어주고 연봉도 올려주며 다양한 복지도 제공한 벤처 회사들이 성공한 이후엔 하락세를 보인다. 그 원인 중 하나가 뜻밖에도 오픈 오피스 때문이라고 한다.

오픈 오피스는 서로 협업하며 업무에 개입하는 일에는 맞는 환경이지만, 아이디어 발상이 중요한 사업일 때는 업무의 생산성이 떨어진다. 아이디어는 각자 조용한 공간에서 방해받지 않고 몰입해야 떠올릴 수 있는데 오픈 오피스가 오히려 아이디어 발상의 스위치를 꺼버리는 역할을 한 것이다.

아이디어를 위한 조직 관리

경영자의 가장 큰 일이 조직을 잘 만드는 것이다. 국가나 기업이나 조직 인사가 리더의 가장 큰 임무이고, 리더가 가장 깊게 고심하는 일이 조직의 인사다. 그런 만큼 조직은 그 조직의 생태를 잘 알고 있는 사람이 조직의 특성에 맞춰서 관리를 해나가야 한다. 만약 아이디어 발상이 그 조직에서 중요한 일이라고 생각한다면 추천해 보고 싶은 조직 구성이 있다.

CIO는 있는가

바로 CIO다. 당신이 알고 있는 그 CIO가 아니다. 대부분 알고 있는 CIO는 'Chief Information Officer(정보 담당 부사장)'이다. 회사도 규모에 따라 다르지만, 거대 기업을 이끌어가기 위해서는 대표

아이디어 1퍼센트의 법칙

이사, 사장 혼자서 모든 분야에 전문성을 발휘하기는 어렵다. 그래서 재무담당 부사장(CFO)이나, 전략이 중요하면 전략 담당 부사장(Chief Strategy Officer), 마케팅이 핵심이라고 생각하는 기업은 마케팅 담당 부사장(Chief Marketing Officer)을 둔다. 최근 조직의 디지털 전략이 중요해지면서, 대부분 조직 내에 CIO(Chief Information Officer)를 둔다. 하지만 아직 아이디어의 중요성을 그리 많이 인지하고 있지 못하다. 그래서 'Chief Idea Officer(아이디어 담당 부사장)'을 두는 조직은 보지 못했다.

모든 산업에서 기업은 이제 두 가지 형태로 궁극적인 진화를 하게 된다. 즉 본 산업에서 지속적인 아이디어를 내는 기업이 되거나, 다른 기업이 낸 아이디어를 직접 구현하는 기업이 된다. 예를 들면 패션 기업이라고 하자. 패션에 대한 아이디어를 내는 기업은 유행을 창조하고 소비자의 트렌드를 이끌어가는 디자인을 만들어낸다. 그 디자인(아이디어)을 바탕으로 임가공(賃加工)에 강점이 있는 기업이 생겨난다. 전 세계 패션 업체들로부터 디자인을 받아서 생산은 전적으로 이 회사가 담당한다.

애플은 세계 최대의 스마트폰 디자인 및 판매 회사다. 생산은 전적으로 중국에서 '폭스콘'이 전담한다. 애플은 신상품을 개발하고, 디자인, 마케팅 그리고 소프트웨어 개발을 미국 본사에서 한다. 결국 애플이 중점을 둬야 하는 것은 혁신적인 상품과 디자인 아이디어, 마케팅과 소프트웨어 개발 아이디어다. 일단 아이디어가 나오면, 그것을 검토하고 실행 단계에 들어가면 아웃소싱하면 된다. 결국 모든 회사는 아이디어를 전문으로 만들어내는 기업이나 특정 분야의 제조를 전문으로 하는 기업으로 진화한다.

아이디어 관리 조직, 아이디어 센터

파괴적 혁신을 위해서는 CIO의 역할이 매우 중요하다. 전체의 아이디어를 관리해주는 경영자다. 우선 회사 내의 모든 조직에서 아이디어가 흘러나올 수 있는 환경을 조성해줘야 한다. 혁신적인 제품 아이디어는 실행을 담보로 하지 않았을 때는 누구라도 낼 수 있다. 복잡한 기술적 실행은 제품 개발부서나 기술부서가 해야 한다고 생각하니 아이디어를 내기가 쉽지 않다. 그러나 실행은 신경 쓰지 말고 아이디어만 내라고 한다면, 조직 내 누구라도 아이디어를 자유롭게 제안할 수 있다.

실행의 책임이 없다고 하면, 오히려 이런 사람들의 무책임한(?) 아이디어가 의외로 혁신적일 수 있다. 같은 회사에 다니기 때문에 그 회사의 제품에 대해서는 잘 알고 있기 때문이다. 경리부서의 신입 사원도 가능하고, 고객 콜센터의 팀장도 신제품에 관한 아이디어를 낼 수 있다. 아이디어는 상승 작용이 있다. 아이디어를 내는 사람들끼리 모임이 중요하다. 그런 사람들이 서로 아이디어를 주고받게 만들어줘야 한다. 그 조직을 관리하는 것도 CIO의 역할이다.

조직의 구성

조직 구성원 중에는 특별히 아이디어에 강한 사람들이 있다. 어떤 문제 해결에 필요한 아이디어가 많다. 어떤 사람은 아이디어 발상을 잘하고, 어떤 사람들은 아이디어를 잘 내지는 못하지만 누군가가 내어놓은 아이디어를 잘 실행한다. 기업 내에서 부서별로 아이디어에 강한 사람을 선별하여, 그 부서의 '아이디어 대표(Idea Officer)'로 지명한다.

이 아이디어 대표는 자기 부서의 아이디어를 수집하고 정리하는 사람이다. 부서를 대표하여 매주 또는 매월, CIO가 주관하는 정기 회의에 참석한다. CIO는 IO들과 정기적으로 회의하면서, 각 부서에서 나오는 아이디어들을 전문적으로 수집·분류·관리한다. 주제별로 아이디어 부품 데이터베이스를 만들어놓는다. 이런 관리를 통해 회사 전체로서의 아이디어를 통합 관리한다. 그러면서 문제가 생길 때마다 아이디어 데이터베이스를 통해서 가장 적합한 아이디어들을 선정하여, 해당 부서에서 실행할 수 있도록 조치한다. 물론 IO나 CIO의 임무를 부수적으로 수행할 것이냐, 아니면 전업으로 할 것이냐는 전적으로 그 회사의 특성과 업무의 양에 달려 있다. 다만 얼마나 CIO에게 절대 권한을 주느냐에 따라 기업의 아이디어 경영의 성공을 좌우한다.

리더의 조건

혁신이 중요하지 않은 조직이 있을까? 혁신적인 제품이나 서비스를 만들어내기 위해서는 어떻게 해야 할까? 가장 좋은 방법은 혁신적인 아이디어가 풍부한 사람이 조직의 리더가 돼야 한다. 혁신은 아이디어도 중요하지만, 혁신적인 아이디어를 실행할 수 있어야 한다.

실행은 힘에서 나온다. 현대 조직에서의 힘은 지위이거나 돈이다. CEO나 회사의 오너가 조직에서는 가장 힘이 있다. 그런 사람이 아이디어를 내고, 자신의 모든 것을 걸고 혁신을 추진해야 그 실행은 가능성이 있다. 다른 사람의 아이디어를 100% 이해하기도 힘들지만, 그것을 실행하는 것에는 한계가 있다. 그래서 조직을 혁신하거나, 혁신적인 상품을 만들어낸 사람은 거의 전부 CEO이거나 그 회사의 오너다. 조직에서 가장 힘이 센 사람이 아이디어맨이 돼야 그 혁신적인 아이디어가 성공할 가능성이 크다.

21세기의 가장 혁신적인 상품은 스마트폰이다. 그 스마트폰을 처음 상용화한 애플의 스티브 잡스가 대표적인 사례가 된다. 그는 디자이너도 아니고, 엔지니어도 아니다. 자신의 아이디어에 몰입한 아이디어맨이자, 애플의 창업자이고 쫓겨났다가 다시 회사의 오너십을 회복하여 돌아온 오너였다. 스마트폰은 (누구 아이디어를 토대로 했던) 자신의 아이디어라고 스티브 잡스가 확신했기에 상품으로 출현할 수 있었다. 혁신으로 승부를 내는 조직에서는 조직의 CEO가 아이디어맨인 것이 가장 유리하다. 성공의 확률이 가장 높기 때문이다.

수많은 아이디어 중에서 현실의 여건에 부합하고 실행 가능성이 화급한 것이 전략이 된다. 전략은 수많은 가능성의 아이디어 중에서 나오는 것이다. 전략은 아이디어다. 상대가 있고 그 상대와 싸워서 이길 수 있는 아이디어가 전략이다. 그 전략은 누가 세우는 것인가? 전략 부서에서 세우는가? 전쟁을 지휘하는 최고 사령관이 전략을 세우는가? 아니면 전략 담당 부서에서 전략을 세워 사령관에게 보고하면, 사령관이 결재하는 것이 전략인가? 세상에 그렇게 한가한 전쟁이 동서고금에 있었던가? 전략은 최고의 리더가 세운다. 나폴레옹의 전략은 모두 그의 머릿속에서 나왔다. 임진왜란 때 이순신이 거둔 26승의 전략은 이순신의 머릿속에서 나왔다. 현대 기업이라고 해서 다른 것이 아니다. 전략은 CEO의 머릿속에서 나온다.

쓰러지는 코끼리를 다시 일으켜 세웠던 IBM의 전 CEO 루 거스너(Louis Gerstner)의 명쾌한 일갈이다.

— 전략은 내가 세운다. 실행은 당신들이 하라.

혁신 아이디어만이 살 길이다

필자가 글로벌 대기업에서 갓 창업한 벤처 회사로 옮긴 후 3개월이 됐을 무렵 '혁신하지 못하면 죽는구나' 하는 것을 깨달았다. 나는 대기업에서 정말 열심히 일했다. 영업 실적도 당연히 좋았고, 매년 회사로부터 받는 인사고과도 최상위급이었다. 성실하고 부지런하면 세상살이에서 못해낼 것이 없다는 자신감이 충만했다. 갓 창업한 벤처 회사로 옮길 때도 대기업에서 함께 일하던 상사나 동료들도 격려해줬다.

"그 회사 금방 신규 상장(IPO)하겠네."

환송 회식 자리에서 술잔을 부딪치면서, 보내는 사람이나 떠나는 사람이나 한껏 기가 살아 있었다.

아이디어 1퍼센트의 법칙

한국 사람들이 만드는 온라인 게임은 거의 다 비슷비슷했다. 게임의 핵심은 다 똑같은데, 게임의 배경이 되는 스토리와 게임의 캐릭터들이 다를 뿐이었다. 그러니 처음 게임이 출시되면 게임 유저들이 몰려들었다가 시간이 좀 지나면서 게임의 핵심 재미가 같다는 것을 알고 실망하게 된다. 굳이 새로운 게임에 아까운 시간을 들여야 할 이유가 없기 때문이다. 평소 하던 게임을 계속하는 것이 시간도 아끼고 경제적으로도 이익이다. 그러니 초창기에 나왔던 몇몇 게임 이외에는 새로 출시하는 게임들이 번번이 실패하는 것이다.

이 문제의 해결책은 그야말로 '혁신적인 게임'을 만드는 것이다. 그야말로 혁신적인 게임이 아니면 후발 게임 개발사가 한국이라는 좁은 시장에서 성공하기가 하늘의 별 따기가 된다. 누군가가 나를 피가 나오도록 때린다면 맞을 각오는 돼 있었지만, 죽도록 맞는다고 혁신적인 게임이 나올 수는 없었다.

지금까지 살아온 모든 가치관이 무너지는 경험을 했다. 이전 직장에서는 성실하고 부지런하면 모든 일이 잘 풀렸다. 글로벌 대기업의 이름을 등에 업고, 부지런히 고객들을 만나서 그들이 요구하는 것을 성실하게 이행하다 보면, 실적도 나오고 회사에서나 고객들에게 인정을 받았다.

그런데 새벽부터 밤 늦게까지 회사에서 일한다고 혁신적인 게임이 나오는 것은 아니었다. 그야말로 사람들이 환장하는 게임, 지금까지 나온 적이 없으면서도 신나고 재미있어야 혁신적인 게임이다. 그런데 필자는 게임이라고는 해본 적이 없는 사람이었다.

다른 사람의 아이디어를 실행하는 방법

100여 명의 직원이지만 매일 함께 뒹굴면서 지내다 보니 그들의 자질과 성격을 파악할 수 있었다. 게임 개발 회사에서 필자의 공식적인 역할은 게임 마케팅과 해외 영업이지만 그 일은 획기적인 게임이 존재해야 가능했다. 게임 개발을 위해 개발자들과 자주 접촉하고, 모든 개발 회의에 참석하며 식사나 회식을 통해 소통하는 시간을 늘렸다. 그러면서 그들의 장점과 약점을 파악할 수 있었다.

벤처 회사라고 하지만, 사실 우리는 초일류급 인재를 보유하지도 못했다. 그저 평범한 게임 개발 회사, 솔직히 말하면 이류급 개발사였다. 선별해서 채용한다고 했지만 직원들의 스펙은 형편없었다. 다만 게임 개발에 대한 열정은 대단한 사람들이었다. 그중 몇몇은 조용하기는 하지만 혁신적인 게임 개발을 꿈꾸는 아이디어맨들도 있었다.

아이디어맨들은 두 가지가 필요하다. 자신의 아이디어를 신뢰해주는 사람, 즉 자신의 아이디어를 알아봐주는 상사나 리더가 필요하다. 또 하나는 자신의 아이디어를 실행시켜 주는 사람이다. 아이디어맨들은 대부분 실행에 약하다. 그래서 아이디어가 성공하려면 날것의 아이디어를 다듬어서 제대로 구현하는 사람이 필요하다.

우리의 역할은 누가 진짜 아이디어맨인지, 누가 실행에 강한 사람인지 그 능력을 제대로 파악하여 지속적인 개발이 이뤄지도록 개발 조직을 편성하는 것이었다. 누가 아이디어맨인지를 구분하고, 그의 아이디어를 가장 잘 이해하고 구현할 수 있는 사람을 매칭시켜주는 것이 우리가 해야 하는 일이라고 생각했다.

게임 회사가 살아남는 법

게임처럼 혁신적인 아이디어가 중요한 것이 있을까? 게임이라고는 해본 적도 없었던 사람이 게임 개발회사의 경영자가 돼서 살아남을 수 있었던 것은 우리의 모든 것을 회사의 운명에 걸었기 때문이다. 모든 인재는 개발팀으로 모았고, 그들에게 회사의 모든 자산을 쏟아부으며 회사의 역량을 개발에 집중했다. 회사 인력의 50% 이상이 개발부였다. 당시에 회사는 1년에 두 명의 병역 특례자를 뽑을 수 있었는데, 모든 특례자는 개발부에서 뽑도록 했다. 창업자와 필자는 아무리 바빠도 개발자의 선발은 직접 관여했고, 철저히 성향을 분석해서 취향이 맞는 사람들끼리 개발팀을 구축하도록 했다.

개발 본부를 다섯 개의 개발팀으로 나눴다. 개발팀에서는 알지 못했지만(그들은 단지 서로 취향이 맞거나 친한 사람들이 한 팀이 됐다고 생각했다) 철저히 아이디어맨들과 실행이 강한 사람들을 매칭시켰다. 워낙 열악한 규모의 회사라서 다섯 개의 팀으로 나누는 것이 역량을 집중시키지 못한다는 단점도 있었다. 그러나 자신들이 원하는 게임 아이디어를 직접 제안할 수 있다는 것에 개발팀원들은 만족했다. 어느 정도 프로토타입(시제품)이 만들어지고, 성공의 가능성이 보일 때, 추가로 인력을 배치하는 방식을 사용했다.

한편, 초기 아이디어를 인정해주기 위해서, 한 번 만든 게임은 그 게임이 존재하는 동안 인센티브를 나눌 수 있도록 원칙을 만들었다. 따라서 맨 처음 그 게임의 아이디어를 냈던 초기 개발자들은 회사에 남아 있는 한, 그 게임의 매출에 대해서 인센티브를 가질 수 있도록 보상 시스템을 바꿨다.

그렇게 해서 12년 동안 20개가 넘는 게임을 개발했고, 그중 단두 개가 성공했다. 그 게임의 이름은 3:3 길거리 농구를 캐주얼 온라인 게임으로 만든 '프리스타일'과 국내 모바일 게임 최초로 글로벌 1위를 기록했던 모바일 게임 '룰더스카이'였다.

창의성을 키우는 아이디어 훈련법

아이디어를 잘 내는 능력은 타고나는 것일까? 호모사피엔스에 대한 깊은 연구를 통해 밝혀낼 과제다. 분명한 것은 사람마다 차이가 있다는 것이다. 어떤 문제든 아이디어 발상을 잘하는 사람이 있는가 하면, 창의성 발휘엔 전혀 관심도 없고 실제로 아이디어를 전혀 내지 못하는 사람도 있다. 필자가 보기에는 이런 현상은 아이디어나 창의성을 대하는 태도의 문제다. 아이디어에 대해서 호기심도 없고 적극적으로 실행할 의지도 없다면 창의적인 사람이 될 수 없다. 문제를 회피하고 싶어 하는 사람이 어찌 그 문제에 도전해서 풀어낼 것인가? 이제는 시대가 바뀌었다. 창의성이 우리 사회 모든 곳의 화두가 됐고, 아이디어를 발상하는 능력이 생존의 기술이 됐다. 이제는 누구든 자신을 훈련하는 것이다. 가장 좋은 아이디어 훈련법은 스스로 창의성을 키우는 생활 습관을 지니는 것이다. 필자가 경험을 통해 터득한 노하우를 공개한다.

비스듬히 사고하라

해당 문제에 직접 파고들면 아이디어는 도망간다. 머릿속이 복잡하면 안 된다. 문제의 핵심, 본질만 머릿속에 집어넣어라. 나는 이 과정을 두뇌에 문제를 '락온'한다고 말한다. 그림이든지 아니면 문장으로 만들어서 문제를 명확히 이해한다. 머릿속에 그림이 바로 그려지지 않으면(훈련되지 않으면 이미지를 즉시 머릿속에 그리는 것은 어렵다) 일단 먼저 빈 종이 위에 그려봐라. 이미지가 아니면 글로 써보라. 그것도 가능하면 문장으로 만들어서 표현하면 명확해진다.

나의 두뇌가 문제에 '락온'이 돼 있으면, 이제 우리의 머리는 여건만 허락하면 아이디어를 낼 수 있다. 그 여건이란 '비스듬한 사고'를 뜻한다. 이것은 두 가지 의미가 있다. 첫째는 아이디어를 내겠다는 의지를 가지는 것이다. 이때 반드시 아이디어를 내겠다는 강력한 의지를 가지면 오히려 역효과가 난다. 의욕을 가지되, 절대 우리의 두뇌에 부담을 주지 않아야 한다. 만약 의지가 강해서 그것이 욕심이 되면 아이디어는 멀리 달아나버린다. 회사 생활에서 윗사람이 아이디어를 내라고 다그치면 역설적으로 아이디어가 생각나지 않는 것과 같은 이치다. 그러나 너무 느슨해져도 아이디어는 나오지 않는다. 강압은 아니지만 의욕이 생기는 상황, 그 절묘한 지점에 있어야 한다.

둘째는 그 문제만 생각하는 것이 아이디어를 떠올리게 만드는 조건은 아니라는 점이다. 그래서 비스듬한 사고를 언급했는데, 이것은 다른 일을 적당히 하면서 사고하는 방식을 말한다. 다른 일 자체가 엄청난 주의를 요구하는 일이면 안 된다. 격렬한 권투 시합을 하면서 다른 생각을 어떻게 할 수 있겠는가? 무의식적으로도 할 수 있는 익숙한 일이면서 정신적으로는 크게 부담되지 않는 일이 적합하다. 나에게는 운전이나 설거지 같은 일이 그렇다. 가벼운 산책을 하면서도 이 비스듬한 사고가 의외로 잘된다.

잠재의식과 소통하기

마이크로소프트 설립자인 빌 게이츠가 하는 일 중에서 아주 특이한 것이 있었다. 바로 'Think Weeks(생각 주간)'를 가지는 것이었다. 1년에 두 번씩 일주일 가량을 회고와 독서, 그리고 생각으로 보내는 것이다. 다른 어떤 일도 하지 않는다. 이 기간에는 직원들도 일절 만나지 않고, 친구들이나 심지어 가족들조차 만나지 않는다. 아무것도 하지 않으면서 설렁설렁 독서나 하고 여러 가지 생각에 잠겨 있는 것이다. 사람들은 이것이 그가 즐기는 휴가라고 생각하지만, 필자는 다르게 생각한다.

DOS라고 하는 인류 역사상 최고의 부를 만든 제품의 아이디어를 개발한 사람이다. 누가 뭐라고 해도 빌 게이츠는 아이디어맨이다. 그가 이 독특한 '생각 주간'을 통해서 구하고자 한 것은 틀림없이 '아이디어'일 것이다. 새로운 제품에 대한 것이든, 당면한 경영 문제를 타개하기 위한 것이든 그는 자기의 잠재의식과 소통하는 기회를 가졌다. 그래야 어느 순간 그가 고민하는 문제의 아이디어를 잡아낼 수 있다. 짐작하건대 일상의 환경을 바꿔서 '내면의 자아'를 만나는 그만의 방법일 것이다.

최근 필자가 발견한 잠재의식과 소통하는 방법이 있다. 이전까지는 독서를 하거나 특히 글을 쓰거나 할 때는 특정 클래식 음악이나 여자 가수의 앨범 전체를 적당한 볼륨으로 틀어놓고 작업을 했다. 간간이 들리는 음악 소리에 나의 의식이 따라가게 하면서, 사실은 나의 무의식에 집중하는 식이다. 그러다 보면, 나의 깊은 잠재의식에서 뭔가 서서히 나타나는 그런 기분을 느끼기 때문이다.

요즘 유튜브에는 이런 종류의 집중을 유도하는 Lo-Fi stream들이 많이 있다. 'lo-fi'는 'hi-fi'의 반대 개념으로 선명한 소리보다는 약간 질 낮은 듯한 소리를 낸다. 그래야 우리의 의식이 그 소리에 휩쓸리지 않는 모양이다. 같은 비트가 끝없이 반복되면서 그 음악을 듣다 보면, 소리는 점점 멀어져가고, 내가 하는 일에 집중하는 것을 발견할 수 있다. 마치 의미도 모르는 어느 절에서 들려오는 독경 소리를 틀어놓은 것과 같다. 잠이 잘 오지 않을 때, 스마트

아이디어 1퍼센트의 법칙

폰을 통해서 독경 소리를 작게 틀어놓고 그 소리에 의식을 집중하면, 쓸데없는 잡념은 잊히고 스르르 잠에 빠져드는 원리와 같다.

두뇌에 자극을 주는 읽기

두뇌에 자극을 주는 가장 효율적인 방법은 무엇이든지 읽는 것이다. 인간이 '읽기'를 발명한 것은 불과 수천 년 전의 일이다. 이 읽기를 통해서 인간은 뇌의 구조를 재정비할 수 있었고, 생각하는 방법을 익히게 됐다. 인간이 지적인 활동을 할 수 있게 된 가장 근본적이고 중요한 일은 읽기다. 근육 단련 운동을 하듯이, 읽는 것은 우리 두뇌의 근육 세포인 신경 세포를 유지하게 한다. 신경 세포와 신경 세포의 새로운 연결이 가능하게 해준다.

읽기는 보는 것(watching)과 질적으로 다르다. 읽는 것은 문자를 우리의 뇌 속에 입력시켜서 생각하게 한다. 소설을 읽으면서 우리의 두뇌는 소설의 모든 환경과 주인공들을 우리 나름대로 상상한다. 그러나 영화나 TV를 보는 것은 이미 누군가가 상상한 이미지를 그대로 우리 뇌 속으로 옮길 뿐이다. 그것을 보고, 감상하거나 평가할 수는 있지만, 우리 스스로 상상과 같이 생각하는 활동은 없다. 생각하지 않으면, 새로운 뇌신경 세포들의 새로운 연결은 만들어지지 않는다.

━ 내가 현재 읽고 있는 잡지가 나를 설명하는 브랜드가 된다.
_타일러 브륄레(영국 잡지 〈모노클〉 대표)

잡지를 읽는 것은 의외로 아이디어 발상에 많은 도움이 된다. 잡지
는 내용이 다양하고 호흡이 짧아서 그 내용을 읽는 과정에서 우리
의 뇌가 전혀 긴장하지 않는다. 그러면서도 필요한 정보는 브라우
징 되면서 우리의 두뇌에 입력된다. 잡지에는 화려한 사진이나 그
래픽이 많다. 그것도 우리의 우뇌를 자극하는 요소가 된다. 지금처
럼 인터넷으로 정보를 수집하는 것도 편리하지만, 아이디어 입력
에 가장 좋은 방법은 '브라우징'이다. 말 그대로 쓱 쳐다보면서, 관
심이 기울여지는 것만 조금 집중해서 읽어보는 것이다. 지금은 종
이 신문을 거의 보지 않지만, 예전에 신문을 읽는 방법이 이러했
다. 수십 페이지에 달하는 신문을 읽을 때, 책을 읽듯이 처음부터
끝까지 다 볼 수는 없다. 효율성이 떨어진다. 신문 편집의 특성을
조금이라도 이해한다면, 자신의 관심이 가는 페이지를 찾고, 헤드
라인과 핵심 내용만 쓱 훑어보는 것이다. 그러다가 특이한 내용이
있으면 그 기사만 집중하고 필요한 것은 스마트폰에 메모한다.

영어가 모국어가 아닌 것이 불행일까? 영어로 된 자료의 정보
획득 능력에는 영어를 모국어로 하는 사람들에 비하면 아무래도

문제가 있을 것이다. 그러나 장점도 있다. 모르는 단어를 찾아야 하고, 전혀 엉뚱한 표현도 신경을 써야 하니, 영문 자료를 읽을 때 속도는 느려지고, 정독하게 된다. 집중해서 읽고, 여러 번 반복해서 읽지 않으면 의미를 파악하기 쉽지 않기 때문이다. 읽기를 신중하게 해서 우리 두뇌에 자극을 준다는 의미에서는 절호의 기회다. 영문을 읽을 때 주제별로 모르는 단어를 모아두는 단어장을 만든다. 틈틈이 그 단어장의 단어를 읽는 것만으로도, 읽었던 자료의 핵심 내용이 기억된다. 중요한 것들은 오히려 영어 읽기를 통해서 컨셉화되고, 개념이 된다. 그것이 우리의 장기 기억 속에 저장되면서 깊은 잠재의식의 바다에 한 개의 조약돌이 되어 준다.

창의성을 단련하는 글쓰기

아이디어 발상의 근본은 생각하는 것이다. 어떤 때는 넓게 생각하고, 또 어떤 때는 깊게 생각하면서 핵심을 파악하고 문제 해결에 접근한다. 여기서 중요한 일은 지속적으로 생각하는 것이다. 그래서 생각을 붙들고 있다는 표현을 하기도 한다. 생각한다는 측면에서 쓰기는 읽기보다 10배는 더 생각하게 만든다. 글쓰기는 참으로 오묘하다. 책 전체를 쓰든, 한 페이지짜리 편지를 쓰든, 단 한 문장의 메모를 쓰든 아이디어가 필요하다. 그리고 설령 책 전체에 대한 구상을 마쳤다 하더라도, 매 페이지를 시작할 때마다 아이디어가 필요한 것이 바로 글쓰기다. 소설가들이 소설에 대한 영감을 떠올렸다 해도, 실제로 글을 쓰기 위해서는 또다시 아이디어가 필요하다. 소설가들은 이런 훈련을 끊임없이 해서 아이디어에 익숙해질 수밖에 없다.

미래 인재의 조건이 변하고 있다. 가장 중요한 것이 창의성과 공감이다. 창의성을 단련하는 가장 확실한 방법은 글쓰기다. 창의성을 발휘하고 싶은 사람들에게 자신의 아이디어로 직접 써보라고 조언하고 싶다.

　내가 우리나라의 대학 교육에 필요한 것을 제안한다면 딱 하나가 있다. 창의성 인재의 중요성은 모두 알고 있으면서 실제로는 누구도 아직 그런 교육을 하고 있지 않다. 필자의 아이디어는 대학 졸업을 하기 위해서는 어떤 학생이라도 자기 혼자서 책 한 권을 쓰게 하는 것이다. 주제는 무엇이라도 좋다. 자신이 가장 좋아하는 것을 써도 좋고, 대학 입학 후 자기가 공부한 분야를 주제로 써도 좋다. 졸업 후 창업을 하고 싶은 사람이라면 무슨 사업을 어떻게 할 것인지 사업계획서를 쓰면 된다. 책 쓰는 것을 필수 학점으로 지정하여 책을 쓰지 못하면 졸업을 못 하게 한다. 그리하여 좋은 내용의 원고가 만들어지면, 대학 내에서 출판해주는 것이다. 창의성을 키우는 데 이것만큼 좋은 방법은 없다. 창의성 교육을 위한

　　　　　　　아이디어 1퍼센트의 법칙

그 어떤 다른 준비도 필요 없다. 대학이 마음만 먹으면 당장이라도 이 아이디어를 실행할 수 있다. 나는 자신의 노력만으로 책을 한 번 써본 사람은 자신이 부딪히는 어떤 문제라도 창의적으로 해결할 수 있다고 확신한다.

소설이 아니어도 좋다. 자신이 가장 잘 알거나 공부하는 분야 중 하나를 정해서, 주제를 정하고 자료를 수집한다. 책 전체의 얼개를 생각해서 목차를 만들어보고, 아이디어가 떠오를 때마다, 그 목차를 수정하면 된다. 세부 목차까지 만들어지면 각각 그것에 대해서 글을 써보라. 아마 쉽게 써지지 않을 것이다. 각 세부 목차를 계속 머릿속에 '락온'시키고 있으면, 어느 순간 글감의 아이디어가 떠오른다. 그 아이디어를 순간적으로 메모했다가 가장 빨리 그것을 글로 옮겨보는 것이다. 그런 작업이 모여서 초고가 완성된다. 일단 완성된 초고의 글을 다시 읽어 보면서, 또 다른 아이디어들이 결합된다. 그러면 수정하고 다듬으면서 하나하나 글이 완성되어 간다. 나름의 생각으로 완성된 글이라고 해도 반드시 다른 사람들의 평가를 받아 보는 것이 좋다. 내가 생각한 아이디어(전달하고자 하는 핵심 메시지)가 정확하게 전달이 되는지 확인해봐야 한다. 초고에 대한 모든 평가를 수용한 후 초심에서 점검해본다.

필자는 벤처 투자자로서 오랫동안 초기 벤처 사업가들에게 투자해왔다. 아주 초창기의 벤처 사업이기 때문에 성공 가능성이 매우 낮은 분야다. 그러나 어떤 사업가가 자신이 쓴 책을 보여주면서 투자를 요청하면 무조건 투자에 참여한다. 자신의 사업 분야를 주제로 책 한 권을 쓸 정도라면 그 분야에 대한 전문 지식과 콘텐츠가 충분하다고 생각하기 때문이다. 책 한 권을 쓰기 위해서 그 사람이 고민하고 생각한 그 모든 아이디어, 그것의 가치를 인정하기 때문이다.

뇌를 쉬게 하는 방법

뇌를 쉬게 하는 두 가지 정반대 방법이 있다. 우리는 대부분 쓸데없는 일에 쫓기며 바쁘게 산다. 마치 바쁘지 않으면 사회생활에서 도태되는 것처럼. "요즘 바쁘지?"가 인사다. 바쁘면 우리의 뇌가 피곤해진다. 의식의 뇌도 피곤해지고 무엇보다도 무의식의 뇌까지 피곤해진다. 둘 중 하나라도 피곤해지면 아이디어는 저 멀리 달아나 버린다. 의식의 뇌가 생생해야 문제에 집중할 수 있고, 뇌가 생생하기 위해서는 충분히 쉬어야 한다.

노자 사상의 핵심은 '무위자연(無爲自然)'이다. 여기서 '위(爲)'를 꾸밀 위로 해석하면, '꾸미지 않는, 스스로 그러한 대로 사는 것'이 '무위자연'이다. 그것을 추구하는 것이 '노자의 도'라고 할 수 있다. 그런데 여기서 '위(爲)'를 '행할 위'로 해석하면, 좀 더 기발한 의미로 바뀌는 것 같다. '아무것도 하지 않는 자연 그대로'의 의미가 된다. 그래서 '위무위(爲無爲)'라고 하면, '아무것도 하지 않는 것을 하는 일'이라는 좀 이상한 해석이 되는데, 이것을 영어로 생각해보면 'do doing nothing'이 된다. 그야말로 우리의 뇌가 아무것도 하지 않게 만드는 것이다. 생각도 하지 않고, 어떤 것도 '의식'하지 않도록 해본다. 해보면 알겠지만, 이것이 쉬운 일이 아니다. 그 옛날 노자와 장자의 경지가 우리의 잠재의식에까지 미쳤던 것일까? 그들은 이미 잠재의식과 소통하는 방법을 터득했던 것일까? 아무튼 '위무위' 하면 우리의 두뇌는 생생해지고, 그만큼 아이디어를 떠올릴 수 있는 조건이 된다.

또 하나의 방법은 치열하게 운동하는 것이다. 격렬한 육체 운동을 말하는 것이 아니다. 가벼운 운동을 하더라도 정신적으로는 치열하게 하라는 의미다. 골프 같은 운동을 하더라도 온정신을 집중해서 한 샷 한 샷에 최선을 다하는 것이다. '무아지경'의 경지에서 오로지 자신이 지금 하는 그 동작에만 집중하면 된다. 전력을 다해서 집중하고 최선의 결과를 만들어냈을 때의 후련함, 그 상쾌함은 우리의 뇌가 충분히 쉬었다는 증거다.

학창 시절에 필자는 합기도라는 운동을 몇 년간 한 적이 있다. 고등학교 시절, 학교가 끝난 후 저녁 7시부터 한 시간 반 동안 땀을 흠뻑 흘리도록 운동을 하는 것이다. 특히 상대방과 함께 겨루는 자유 대련이나 죽검으로 겨루는 검도 수련은 한순간도 집중하지 않으면 허점을 공격당한다. 그 '무아지경' 속에서의 치열함은 운동이 끝난 후 몸은 피곤하지만, 나의 정신은 맑고 평온하게 만들었다. 그것이 나의 뇌를 쉬게 하는 최고의 방법 중 하나였다.

아이디어는 좋아하는 것에서 나온다

현대의 직장 생활이 과연 다가오는 '아이디어 사회'에 적합한지 필자는 굉장히 의문이다. 아이디어가 잘 나오게 하려면 우리의 뇌가 생생해야 한다. 의식의 뇌이든 무의식의 뇌이든 뇌가 피곤하면 아이디어 발상은 거의 불가능하다. 우리의 뇌가 가장 피곤해지는 것 중의 하나가 바로 사람이다. 늘 만나는 사람들이 여러모로 신경 쓰이게 한다면 이것은 우리의 뇌가 쉽게 피곤해지게 만드는 요인이된다. 직장 상사가 회의 때마다 '뭐 좋은 아이디어 없어?'를 습관처럼 물어본다면 우리의 뇌는 그 상사의 목소리만 들어도 지쳐 버린다. 매일 출근해서 소속된 부서에서, 매일 만나는 똑같은 사람들과 정해진 업무를 반복적으로 하는 것이 현대인의 직장 생활이다. 이런 환경에서 아이디어가 튀어나올 수 있을까?

이런 점을 고려한다면, 조직 개편은 자주 할 필요가 있다. 효율성이 떨어지지 않을 정도로 조직과 부서원들을 자주 교체해서 함께 일하는 사람들과 근무 환경을 새롭게 만들어줘야 한다.

같은 부서라도 부서장은 부서원들을 자주 만나지 말아야 한다. 업무에 따라서 주어진 일은 처리하되 쓸데없이 자주 미팅을 해서는 안 된다. 과거 필자의 직장 생활에서도 실적이 나빠지면 우리 상사는 더 자주 미팅을 소집했다. 본부장으로서 직접 챙기겠다는 의도였지만, 월 1회 미팅을 주간 단위로 바꿨고, 매주간 실적을 압박했다. 본부의 실적이 점점 더 나빠지자 실적 미팅을 매일 하게 됐는데, 그 미팅이 얼마나 우리의 뇌를 피곤하게 했을지 상상해보라. 본부장이 원하는 실적 개선을 위한 아이디어는 전혀 나오지 않았고, 우리 본부는 해체됐다.

요즘도 필자가 가장 두려워하는 것은 바로 윗사람이 "내가 직접 챙기겠다"라는 말이다. 이제 우리의 사무 환경도 디지털과 자동화가 완비돼 있다. 데이터와 전략까지 공유하는 마당에 직접 무엇을 챙기겠다는 것인지 모르겠다. 모름지기 아이디어를 공유하고 그것을 전환할 수 있는 자리가 아니면, 상사가 직원을 직접 만나서 간섭하는 일은 없어야 한다. 결과로 평가하고, 가능하면 직원들이 아이디어를 많이 내게 하고, 그것을 제대로 평가해주는 것이 상사의 역할이 돼야 한다.

나는 가능한 한 직원을 만나려고 하지 않는다. 만나지 않더라도 자신이 무엇을 해야 하는지를 아는 사람이라면, 알아서 자신의 의식과 무의식을 가동할 수 있다. 가끔 한 번씩, 그 직원의 아이디어 생성 주기에 따라서 미팅을 하면 된다. 그동안 만나지 않아서 쌓였던 아이디어와 일들을 쏟아놓고 정리하는 것이다.

관심 있는 일이면 늘 생각하게 되고, 그것과 관련된 아이디어를 내기 위해 절대적인 시간을 쏟는다. 좋은 콘텐츠는 내가 잘하고 관심 있는 분야에서 만들어진다. 내가 죽도록 좋아해야 누가 시키지 않아도 아이디어가 솟아나오고, 누가 뭐라고 해도 지속할 힘이 나온다.

벤처 사업도 마찬가지다. 내가 죽도록 좋아해서 그만큼 잘하는 것을 사업 아이템으로 정해야 한다. 직원을 채용할 때도 사업 아이템에 목숨걸 정도로 좋아하는 사람을 선별해야 한다. 게임 회사는 게임에 미친 직원을 뽑아야 하고, 식당에서는 요리하는 것에 인생을 다 바치는 사람을 뽑아야 한다. 그것이 좋아하는 것에 절대적인 시간을 투자하는 가장 효과적인 방법이다. 취미도 좋고, 운동도 좋고 쇼핑도 좋다. 이것저것 많은 것을 시도해보면서 진정으로 내가 좋아하는 것을 만들어보자. 아이디어는 좋아하는 것에서 나온다. 좋아해야 생각하고, 생각해야 아이디어가 나온다. 게임 사업을 하면서, 필자는 게임은 몰랐지만 사업은 좋아했다. 사업의 역동성, 노력의 결과가 그대로 반영되는 시장의 엄중함, 성공했을 때의 엄청난 보상, 실패의 리스크까지 벤처 사업을 좋아했다.

아이디어 1퍼센트의 법칙

PART 2

아이디어
실행의 전략

왜, 우리의 야심작은 실패했을까?

십수 년 전에 아내와 함께 창업하고 10여 년간 경영했던 벤처 회사에 지금까지 의문으로 남는 것이 있다. 왜 우리가 그렇게 심혈을 기울였던 야심작들은 실패했는가? 반면에 우리 회사를 살린 것은 전혀 기대하지 않은 채 방치해둔 게임 두 개의 놀랄 만한 성공이었다. 첫 번째 야심작의 실패는 그래도 이해할 수 있다. 창업한 지 얼마 되지 않았던 때이고, 업계의 흐름이나 고객들의 요구 사항을 잘못 파악한 점도 있기 때문이다. 그러나 두 번째 야심작의 실패는 도저히 이해되지 않았다. 회사를 경영할 당시에도 이해할 수 없었지만, 생존을 걸고 싸우던 벤처 기업 경영의 와중에서 그것을 생각해볼 여유는 없었다. 회사를 정리하고 나서 수년이 지난 후부터 시간적 여유가 생기면서 나는 줄곧 그 의문을 다시 파고들어 가 봤다. 도대체 왜 우리가 의도했던 대로 성공하지 못했던 것일까?

아이디어 1퍼센트의 법칙

다시 뭉친 역전의 용사들

우리는 그때 결전을 준비하고 있었다. 최초의 야심작이 참담하게 실패한 지 5년이 지났을 무렵이었다. 자금 부족으로 거의 망할 뻔했던 회사는 겨우 살아나고 있었다. 전혀 기대하지 않았던 캐주얼 스포츠 게임이 인기를 끌면서 회사는 활력을 찾아가고 있었다. 밑바닥까지 경험해봤기 때문에 이렇게 다시 한 번 주어진 기회에 감사하며, 우리는 모두 최후의 결전을 준비하고 있었다. 운영 자금이 돌아가기 시작하자 회사는 신규 게임에 투자하기로 한다. 여기서 주저앉을 수는 없었다. 창업자는 물론, 모든 직원의 염원인 '대박 게임'을 향한 우리의 열정은 새롭게 활활 불타오르고 있었다. 사내 공모로 신규 개발 아이디어가 모였다. 치열한 경쟁 프레젠테이션을 통해서 우리 회사의 미래를 이끌 새로운 프로젝트가 선정됐다. 우연의 일치인지 모르나 최종 선발된 프로젝트는 예전의 드림팀이 제안한 새로운 스타일의 캐주얼 게임이 선정됐다.

개발 심의 회의

게임 개발 회사들은 각각 특색을 가지고 있다. 입사 지원을 한 게임 개발자들에게 어필할 만한 특별한 것이 필요하다. 우리가 지향

하는 것은 제대로 된 게임 개발자를 양성하는 회사였다. 기술적인 부분도 물론 중요하기 때문에 가능한 한 컴퓨터 공학 전공자나 디자인 전공자를 채용하여 개발실에 배치한다. 그러나 개발자로서 가장 중요한 것은 게임을 잘 알고 즐기면서 하는 것인데, 게임에 대한 '원초적인 애정'만 있다면, 기술력이 조금 부족해도 그것은 훈련이나 교육을 통해서 채워질 수 있다고 보았다. 그만큼 게임에 대한 애정을 가진 '원초적인 게이머'들을 중요하게 여긴 것이다. 경력직보다는 게임을 좋아하는 신입 직원을 뽑아서 실전 게임 개발에 참여하게 하고, 그 경험을 통해 점차 개발자로서 성장시키는 것이 우리의 인재 전략이었다. 이런 전략이 게임 개발자들 사이에서 회자되면서, 우리 회사는 개발자 중심의 게임 개발사로서 제법 인정을 받게 됐다. 덕분에 많은 초보 개발자들이 입사했다. 그래서 회사의 규모에 비해서는 좀 많은 다섯 개의 개발실을 운영하고 있었고, 직원들 중에서도 개발자들을 우대하는 분위기였다.

이러다 보니 회사 내에서는 좀 이상한 풍조가 생겼다. 모든 것이 '개발자' 중심으로 돌아가기 시작한 것이다. 사무실의 가장 좋은 공간은 무조건 개발실에서 차지하고, 새로운 제품의 출시나 마케팅 일정은 개발실에서 원하는 대로 변경하기 일쑤였다. 회사 임원이나 간부들의 지시보다는 게임 개발실의 실장 지시가 우선했다. 회사 내의 주요한 결정이 이루어지는 것은 경영진과 임원들이 모여서 하는 '경영 회의'보다는, 다섯 개 개발실의 실장들이 참석하는 '개발 심의 회의'에서 개발 실장들의 의중을 떠보는 것이 더욱 중요해졌다.

아무튼 이 까다로운 '개발 심의 회의'에서 우리의 새로운 야심작에 대한 심사가 이뤄졌고, 만장일치로 예전의 드림팀 멤버들이 제안한 새로운 캐주얼 게임이 선정됐다. 이 프로젝트를 위해서 드림팀을 다시 구성했다. 어느 벤처 기업이나 가장 취약한 분야인 프로그래밍 부분을 위해서는 회사의 경영진뿐만 아니라, 다섯 개의 개발실장들 모두가 제 살을 도려내는 희생을 감수했다. 자기 팀의 에이스를 차출시키면서 드림팀의 성공을 진심으로 기원했다. 회사는 다시 코스닥 상장에 재도전할 준비를 하고 있었다. 이 야심작이 상용화될 때까지 2년이면 충분하다. 만약 그 이전에 상장 심사를 통과한다면 상장 이후 주가는 치솟을 것이다. 그러면 우리 직원 모두의 10년 쌓인 한을 풀 수 있다.

노력과 열정으로 진행된 게임 개발

모든 것이 잘 풀렸다. 드림팀은 실장에서부터 말단 직원까지 일심동체로 열심히 개발에 임했다. 5년 전의 실패를 뼈저리게 느끼고 있었던, 실장과 팀장들은 절치부심하여 더욱 열심히 일했다. 그들은 타고난 '원초적 게이머'들이었고, 이제 10년 정도의 게임 개발 경험을 통해서 그 누구보다도 우수한 게임 전문가의 역량을 갖추고 있었다. 무엇보다 그들은 이 새로운 프로젝트에 자신들의 인생까지도 걸었다.

그들의 열정과 노력 덕분에 게임 개발은 계획대로 착착 진행됐다. 초기의 게임성 프로토타입도 완벽했고, 3개월마다 '개발 심의 회의'에서 보여주는 테스트 버전은 거의 완벽했다. 드림팀뿐 아니라, 심의 회의에 참석하는 다른 개발실의 실장들도 감탄을 금치 못했다. 그들도 게임 개발자들이지만 어느 하나 잘못된 곳을 지적하기 어려울 정도로 완벽한 기획과 개발이었다. 이제 이 게임의 성공을 확신하는 사람들은 드림팀만이 아니라, 회사의 다른 개발실장들에서 경영진, 그리고 회사 전체로 퍼져나갔다.

그해 가을에 열리는 게임 전시회에 출품하기로 했다. 새로운 게임의 출시는 그 다음 해지만, 게임의 주요 캐릭터와 여러 가지 배경 그래픽은 충분히 준비됐고, 게임성을 맛볼 정도의 베타 버전은 가능했기 때문이다. 우리 내부에서 성공을 확신하는 게임이었기에, 오히려 여러 가지를 감추는 것에 집중할 정도였다. 만약 이 게임의 모든 것이 노출되면 경쟁사들이 달려들어서 비슷한 게임을 출시할 것을 우려했기 때문이다.

프로젝트가 시작된 지 18개월이 지났다. 중간에 게임 전시회 출품으로 약 한 달간의 개발 지연이 있었지만, 드림팀의 타오르는 열정 때문에 우리는 무사히 베타 베스트 버전을 완성할 수 있었다. 가장 심의 통과가 어려운 '베타 버전 심의 회의'가 열렸다. 개발 내용에 대한 드림팀 개발 실장의 프레젠테이션이 있었고, 사내 직원들이 참여하는 사내 테스트가 시행됐다. 그리고 그다음 날의 심의 회의 모든 것에서 만점을 획득했다. 심의 회의에 참석했던 모든 사람이 확신을 하고 '심의 승인'을 했다. 심의 승인은 만장일치가 돼야 한다. 그래야 그 다음 단계의 마케팅 작업이 진행될 수 있다. 결과는 한 사람, 필자의 조건부 반대가 있었다.

"개발 완료 승인. 다만, 게임의 난이도에 대해서 외부 일반 사용자들의 평가를 요청한다."

마지막 설득

다른 사람도 아닌, 심의 회의 참석자 중에서 가장 나이가 많은 필자의 반대였다. 나이만 많은 것이 아니다. 필자는 그 회의 참석자 10여 명 중에서 가장 게임을 모르는 사람인 것은 확실했다. 만장일치를 기대했던 모든 사람의 곱지 않은 눈총을 받으면서 필자는 설명했다.

"어제까지 지난 6개월 동안의 베타 테스트에서, 나는 한 번도 상대방의 비행기를 격추하지 못했습니다. 그래서 격추 때의 타격감도 한 번도 느껴보지 못했습니다. 도대체 이 게임의 재미를 모르겠습니다."

게임 초보자가 보일 수 있는 당연한 반응이긴 했지만 그들에겐 멍청하기 짝이 없는 의견일 수도 있다. 심의 회의 참석자들은 모두 '원초적 게이머'들이었고, 사내 테스트에 참석했던 다른 직원들의 반응도 '너무도 재미있고, 타격감이 완벽한' 게임이라는 것이다. 필자의 반대 의견 때문에 다시 소집된 심의 회의에서 다음과 같이 결론을 내렸다.

"본 게임은 풀 3D 게임으로, 나이 많은(40세 이상) 게이머들이 대상은 아니다."

따라서 필자의 반대 의견은 더이상 고려하지 않고, 마케팅을 추진한다는 것으로 결정됐다. 회사의 모든 직원이 성공을 확신하지만, 필자는 일말의 불안을 견딜 수 없었다. CEO와 드림팀의 개발실장만 참석한 긴급회의를 거듭했다.

"내가 아무리 나이가 많다고는 하나, 한 번도 격추하지 못했다면 그

아이디어 1퍼센트의 법칙

것은 게임이 어렵다는 뜻입니다. 난이도나 게임성에 대해서 재고합시다. 긴 세월을 인내하고 기다린 것은 알지만, 이 마지막 관문을 슬기롭게 넘기지 못한다면 그동안의 노력이 물거품이 됩니다."

내가 마지막으로 제안한 아이디어는 이 게임의 출시를 해외인 일본에서 먼저 하자는 것이었다. 물론 일본의 게이머와 한국의 게이머는 다르겠지만, 일본 게이머들을 대상으로 충분히 난이도와 게임성을 테스트해 볼 수 있다. 그래서 일본 유저들의 반응에 따라서 수정을 한 이후에 한국에서 출시하자는 안이었지만, 그 마지막 제안마저도 거부됐다. 초기 기획부터 지난 3년간 개발하는 동안 줄곧 한국의 게이머를 대상으로 만든 게임이기에 일본에서의 베타 테스트는 또 다른 개발 기간이 필요하다는 이유였다.

드림팀은 성공을 확신했다. 당대 최고의 3D 엔진을 사서 개발했고, 프로젝트 때마다 심각한 오류를 일으키던 프로그래밍 문제도 깔끔하게 해결했다. 게임 캐릭터나 그래픽은 이미 게임 전시회에서 유저들의 반응을 확인했다. 개발 심의 회의에서 다른 개발 실장들의 평가도 완벽했다. 사내의 모든 직원도 이 게임의 성공을 확신했고, 새로 입사한 신입 직원들은 모두 이 드림팀의 배속을 원했다. 그들도 소문으로 들어서 이 게임의 드림팀에 속한다면 성공 보너스와 함께 대박 게임 개발팀의 일원이 되는 영광을 누릴 수 있기 때문이었다.

그런데 결과는 처참한 실패였다. 우리 회사로서는 최대의 마케팅 비용을 쏟아붓고도, 상용화할 수 있는 기본 동시접속자 수에 미치지 못하여 상용화도 실패했다. 지난 3년간 드림팀뿐 아니라 회사 임직원의 열망과 열정도 소용없이, 다시 한 번 처참한 실패를 경험해야 했다. 왜 우리의 야심작은 계속 실패하는 것일까? 도무지 알 수 없는 일이었다.

'want'와 'reality'

'디지털 트윈(digital twin) 프로젝트'. 처음 들었을 때 나도 깜짝 놀랐다. 다만, '그것이 가능하다면' 그야말로 100년 만에 나올까 말까 하는 기막힌 아이디어였다. 다른 기업도 아닌 바로 그 기업이 한다면, 그 작업을 못 할 것도 없다. 자기들이 만든 발전소이고 비행기 엔진이다. 세계 최고의 관련 엔지니어들을 보유하고 있는 최고의 기업이 아닌가? 그들이 한다면 불가능할 것이 있을까?

필자가 산업 인터넷에 관심을 기울인 이유는 2014년 초 J 회장이 언론에 인터뷰한 짤막한 기사를 보았기 때문이다. 엉뚱하게도 세계적인 제조 기업의 회장이 회사의 미래 사업 방향을 소프트웨어로 전환한다는 것이었다. 글로벌 대기업의 회장이라면 인터뷰에서

아이디어 1퍼센트의 법칙

밑바탕에 깔린 전략 없이 함부로 말하지 않는다. 지금은 물러나 있지만, 당시만 하더라도 J 회장은 전문 경영인의 상징 같은 인물이었다. 그런 사람의 신년 인터뷰가 정교한 전략 없이 그냥 나올 수 없다. 당시만 하더라도 오바마 행정부에 의해서 미국의 미래 산업에 관한 전략을 기업 쪽에서 조언하는 가장 핵심적인 인물이 바로 J 회장이었다.

IT 분야의 전문성이 없었고, 이 회사도 IT 기술과는 거리가 멀었다. 그런 회사에서 뜬금없이 소프트웨어라니? 그것도 수년 이내로 회사의 정체성을 완전히 소프트웨어로 바꾸는 전략을 발표하다니 얼마나 놀랄 일인가? 좀 더 많은 자료를 찾기 시작하자 눈에 뜨이는 용어가 바로 '산업 인터넷'이었다. 한창 IOT에 대한 이야기가 유행일 때다. IT에 근거한 신기술은 너무도 유행을 타고, IT 기술들은 대부분 학자의 아이디어에 기반하기에 실현되는 곳은 드물다. 그래서 이 회사도 그런 유행에 부화뇌동하는 것인가 의심이 들기도 했다. 다시 찾아본 자료가 J 회장이 주주들에게 1년에 한 번씩 보내는 주주 서한이다. 여기에서 산업 인터넷을 설명하면서 등장하는 용어가 '디지털 트윈'이었다. 이 용어를 보는 순간 필자는 온몸에 전기가 찌릿하게 통하는 느낌을 받았다.

설마 내가 생각하던 그 '디지털 목업(Digital Mock-Up)' 이란 말인가? 필자는 오래전에 제조업 분야의 CAD/CAM 프로젝트에 종사해왔다. 제조업 분야에서 CAD/CAM 분야의 기술을 활용하기 시작하면서 엄청난 생산성 효과가 있었고, 개념 설계에서 생산까지 전 과정을 디지털화하는 것이 꿈꾸는 미래였다. 그 작업의 하나로 생산 제품의 전 부품들을 디지털화하는 것이 '디지털 목업'이다. 예를 들어 자동차를 구성하는 전 부품은 2만 개라고 하면 각각의 부품을 전부 디지털화한다. 그 디지털 부품들을 전부 결합하면 자동차가 되는 것이다. 실제 물리 모델과는 달리 소프트웨어로 디지털화된 이 모형들은 이를 활용하는 다른 소프트웨어들에 의해서 다양하게 사용된다. 자동차의 각 부품의 강도 시험도 물리적으로 충돌시킬 필요가 없다. 관련 소프트웨어를 이용하고, 이 디지털 모형을 사용해서 충돌 시험을 해보면, 가장 최적의 강도를 파악할 수 있다. 부품의 생산도 각 부품의 디지털 모형을 3D 프린팅을 하면 이것을 통해 그대로 만들어진다.

디지털 트윈이라는 아이디어

디지털 트윈은 현실 세계의 기계나 장비, 사물 등을 컴퓨터 속 가상세계에 구현한 것을 말한다. 실제 제품과 이를 소프트웨어를 이용해서 그대로 디지털화한 것을 함께 부르는 말이다. 똑같은 모양이고 똑같은 기능을 하는데, 하나는 실제 물리적인 사물이고, 또다른 하나는 (소프트웨어로 만들어진) 디지털 실체다. 그래서 '트윈(쌍

둥이)'이라고 이름을 붙인 것이다. 실제 사물에 대한 소프트웨어로 만든, 디지털 형태의 복제품이라는 의미에서 이름을 '디지털 트윈'이라고 붙인 것이다. 디지털 트윈 기술은 실제 제품을 만들기 전 모의시험을 통해 생길 수 있는 문제점을 파악하고 이를 해결하기 위해 활용되고 있다.

아이디어의 핵심은 이런 것이다. 만약 실제 기계가 있고, 이 기계와 똑같이 작동하는 이것의 디지털 실체가 소프트웨어로 만든 것이 있다고 하자. 모양만 같은 것이 아니라, 환경에 대한 반응이나 작동 원리, 방법, 성능도 같아야 해서 '쌍둥이'다. 그렇다면 실제 기계에 작용하는 힘을 그대로 디지털 트윈에 입력하면, 이 디지털 모형이 실제 기계처럼 똑같이 작용해야 한다. 그러한 '디지털 모형'을 만들어내는 것이 어렵겠지만, 그것을 만들었다고 가정을 해보자. 실제 모형이나 디지털 실체가 같은 환경에서, 동일하게 작동한다고 하자. 그러면 이제부터 진짜 아이디어가 나온다. 실제 기계에서 어떤 데이터를 추출해서, 그 데이터 값을 디지털 모형에 입력하면, 실제 기계가 작동하는 것처럼 디지털 트윈이 작동할 것이다.

이 아이디어에는 두 가지 핵심적인 요소가 있다. 하나는 실제처럼 같은 조건에서 똑같이 작동하는 디지털 모형이 있어야 한다. 이것은 소프트웨어로 만들어진 프로그램의 집합체다. 다른 또 하나의 요소는 실제 기계에서 작동 상황을 감지할 수 있는 센서가 필요하다. 다행히 사물인터넷(IOT)이라고 하는 IT 분야가 최근에 급속하게 발전하면서, 센서 분야가 비약적인 발전을 했다. 실제 작동하는 기계에 부착하는 각종 센서가 가능해졌다. 디지털 모형은 일종의 시뮬레이션 프로그램이다. 시뮬레이션이라고 하면, 일반적인 공학(기계 공학)이나 조선공학에서는 실체의 규모가 작아진 것을 말한다. 예를 들면, 거대한 선박의 선체 모양이나 움직임을 실제로 측정하기가 어렵다. 그럴 때 실체의 모양보다 100분의 1로 크기를 줄인 모형을 만든다. 이때 입체적인 모양은 줄었지만, 환경에 대한 반응은 동일하게 만들어서 각종 실험을 하는 것이다. 실제 선박의 크기는 200m라고 하더라도, 2m 크기로 축소된 선박의 모형을 만들면, 실험실 내의 수조에서 이 선박에 관한 각종 실험을 할 수 있다. 실제로 '풍동 실험'이라고 해서 조선업 분야에서는 오래전부터 이 시뮬레이션 기법을 사용하고 있다.

한편, IT 분야에서는 시뮬레이션이라고 하면 아주 흔한 기법이다. 소프트웨어를 이용해서 거의 모든 것을 시뮬레이션한다. 소프트웨어로 프로그래밍한다는 것은 기본적으로는 시뮬레이션 한다는 의미다. 다만 IT 전문가들, 소위 말하는 컴퓨터 공학자들, 프로그래머들이 하는 것은 사람들이 일반적으로 하는 일을 소프트웨어로 시뮬레이션하는 것이다. 가령, 고객이 은행에서 처리하고자 하는 일, 은행 업무를 시뮬레이션한 것이, '온라인 뱅킹'이다. 공장에서

아이디어 1퍼센트의 법칙

사람이 하던 일을 그대로 흉내 내어 로봇이 하게 만드는 것이 '공장 자동화'다. 사람이 하는 일이나, 단계별로 작업 과정을 따라 해서 작동하게 만드는 것이 바로 '프로그래밍'이다.

그래서 '디지털 트윈'이라는 개념은 IT 분야에서 일하는 사람이라면, 흔하게 머리에 떠올릴 수 있는 아이디어다. 일종의 시뮬레이션이니 말이다. 실제 기계에 센서를 부착하여 자료를 수집하는 아이디어도 IOT 산업이 유행하면서, 누구나 쉽게 낼 수 있다.

프로그래머들에게 어려운 일은 누가 실제와 똑같이 작동하는 디지털 모형(소프트웨어 프로그램 집합체)을 만들 수 있느냐 하는 것이다. 이 디지털 모형은 컴퓨터 프로그램을 안다고 만들어지는 것이 아니다. 해당 실제 기계에 대한 전문적인 지식 없이는 감히 엄두를 낼 수 없다. 그 물리적 실제인 대상이 자동차라면 자동차 공학, 그중 유체 역학과 동역학의 최고 전문가들이 시뮬레이션 프로그램의 꿈이라도 꿀 수 있다. 그 대상이 비행기라면 당연히 기계공학자들이 만들어야 한다. 이 회사에서는 그 물리적 실제 대상이 수십 년간 만들어왔던 발전기와 대형 비행기 엔진이었고, 그 분야의 세계 최고 기술력과 인재들을 보유하고 있다. 그들이 발전기나 비행기 엔진의 시뮬레이션 프로그램, 즉 그들의 용어로 '디지털 트윈'을 만든다는 것은 매우 적합하며 당연한 아이디어가 아닌가?

바로 이것이 커다란 착각이었다. 아마 이 아이디어는 IT 기술자가 최초로 생각했고, 그것을 회장에게 직접 보고했던 모양이다. 그 아이디어를 구체화하는 과정에서 발전기나 비행기 엔진을 설계하고 만들었던 그 수많은 엔지니어나 과학자들에게는 전혀 물어보지도 않았던 것이 아니었을까? '디지털 트윈'이라는 시뮬레이터를 만들어내야 할 사람들은 가만히 있는데, 주변의 사람들이 아이디어를 내고, 그것이 된다는 가정하에 일을 급하게 추진했던 것이 아닐까? 그것도 '극비 보안'이라는 명분으로 철저히 비밀을 지키면서 말이다.

아이디어 자폐증

아이디어는 대부분 최초의 생각이다. 그래서 허점이 많다. 사람은 자기 생각에 무한한 애정을 가진다. 다른 사람의 이야기를 듣고도 수정하지 않는 것은 다른 사람의 조언에 귀 기울이지 않고 여전히 자기 생각이 옳다고 생각하기 때문이다. 다른 사람의 의견을 듣고 생각하며, 자기 생각을 이야기하고 잘못되어 있으면 바로잡고자 하는 것이 공감하는 능력이다. 자신의 최초 생각이 틀렸다고 생각하면 바로 고친다. 자기 생각을 바꾸려고 하지 않고 그대로 주장하는 경우는 자신의 최초 생각이 옳다고 생각하기 때문이다. 자기 생각이 옳다고 여기면 수많은 논의를 거치고 다양한 평가를 들어도 그것을 고칠 수 없다. 다른 사람의 평가에 공감하지 못하면, 즉 마음을 열지 않으면 수정은 불가능하다.

공감하는 능력이 없으면 혼자만의 생각에 빠지기 쉽다. 이런 상태가 되면 바로 '아이디어 자폐증'에 빠지게 된다. 예를 들어 어느 날 불현듯 아이디어가 떠올랐는데 그것이 정말 좋은 아이디어로 생각되는 것이다. 옆에 있는 다른 사람에게 이야기했더니 별 관심이 없다. 그때부터는 다른 사람들에게 그 이야기는 꺼내지도 않는다. 그러면서 자기 혼자만의 생각으로 계속 좋은 아이디어라고 여기며, 다른 사람들은 수준이 낮아서 이해하지 못하는 것으로 치부한다. 다른 사람들보다 자신이 뛰어나다고 생각하면 이런 아이디어 자폐증에 걸리기 쉽다. 문제는 이것이 오히려 자신감이나 굳건한 의지력으로 착각하게 만들어 구별하기가 쉽지 않다. 회사나 조직에서 다른 사람들과 함께 일할 때, 그 조직이나 집단 전체가 이런 '아이디어 자폐증'에 빠지는 경우가 허다하다. 그 조직을 이끄는 사람들의 역량이 뛰어나다고 인정되면 그들의 아이디어 역시 무조건 성공한다고 여긴다. 후광 효과가 작용한 것이며 일종의 '집단 최면'에 걸리는 것과 마찬가지다.

아이디어가 절실히 필요한 환경에서, 조직의 리더이거나 자타가 공인하는 그 분야의 권위자가 아이디어를 내놓았다고 해보자. 자유로운 분위기에서 아무리 많은 비평을 들어도 그것에 공감하지 못하면 리더나 권위자가 처음 내놓은 아이디어를 수정할 수 없다. 간혹 역경을 딛고 일어선 사람들을 보면 고집이 세다. 어떠한 역경 속에서도 꾸준히 자신의 최초 생각을 믿고 기적 같은 성공을 이뤄내는 사람들 말이다. 지금 같은 아이디어 시대에는 맞지 않는다. 아이디어가 아닌 신념이나 윤리 문제라면 그것을 지키고자 하는 고집이 필요하다. 그러나 불확실성의 시대, 변화하는 세상에서 문제 해결에 필요한 아이디어에 유연하지 않은 사고는 도움이 안 된다. 때로는 열정과 착각하기 쉽지만, 열정 역시 공감이 빠지면 무모한 노력과 시간 낭비가 될 뿐이다. 공감 받지 못하면 아이디어를 실행에 옮겨 성공에 이르기 어렵다. 그래서 여러 사람이 함께 일하는 곳에서는 공감 능력이 필요하다.

거창한 아이디어일수록 오픈하라

우리의 야심작이 실패한 것도, 그 회사의 세기 프로젝트가 실패한 것도 '아이디어 자폐증'이 아니었을까? 자신의 아이디어에 취해서 우리는 다른 사람의 관점을 전혀 고려하지 않았다. 우리의 개발자들은 대부분 '원초적 게이머'들이었고, 대부분 20대인 그들에게는 미치도록 재미있는 게임이었다. 그러나 세상은 변해서 게임 마니

아만 게임을 하는 시대가 아니다. 이제는 게임을 쳐다보지 않았던 모범생도 게임을 하고, 스마트폰을 가진 40대도 게임을 기웃거리는 시대다. 우리의 관점에만 빠져 있지 말고, 변화된 세상은 그런 게임을 좋아하는지 유저들에게 물어봐야 했다.

그 회장님이나 개발 책임자는 자기 회사 내의 다른 엔지니어들에게 '디지털 트윈'이라는 것을 만들어낼 수 있는지 왜 물어보지 않았을까? 그렇게 정확하게 실물을 시뮬레이션하는 '디지털 트윈'은 기계공학적인 관점에서 아직도 수십 년은 더 걸려야 가능한 일이지 않을까? 아이디어는 그 내용이 거창한 것일수록 오픈해야 한다. '거창하다'는 의미는 그 실행이 복잡하고 시간이 오래 걸리는 일을 뜻한다. 단순한 아이디어는 실행하기 쉽고, 실패 비용이 미미하다. 그러나 아이디어가 거창한 것일수록 실패 비용은 엄청나게 크기 때문에 다른 사람의 관점을 수용하면서 수정해나가야 한다.

왜, 하필 책이었을까?

아이디어를 발상과 실행으로 나누어서 생각해보는 것은 대부분 사람에게 익숙하지 않을 것이다. 그러나 문제 해결에 필요한 아이디어는 그것을 실행했을 때, 결과로서 그 아이디어의 가치를 평가받는다. 그런 관점에서 본다면 기본 아이디어 구현을 위한 상세한 실행 아이디어도 매우 중요하다. 아이디어의 발상이 노력이라면, 아이디어의 실행은 전략이다.

세계 최초의 전자 상거래 기업인 아마존이 설립된 지 29년이 지났다. 세상에 공개된 많은 자료를 통하여 창업자 제프 베이조스(Jeff Bezos)의 관점에서 바라본 아이디어 발상과 그 실행의 과정을 하나하나 살펴보고자 한다. 아마존 사례는 아이디어 발상과 실행의 전형적인 사례가 될 듯하다. 자신이 오랫동안 직접 관여하던 일에서 새로운 사업 아이디어를 구상했고, 그 구현을 위해 전략적으로

차근차근 아이디어를 실행해온 대표적인 사례다.

남들과는 다른 선택

제프 베이조스는 미국 동부의 명문 컬럼비아대학교에서 컴퓨터 공학을 전공했으며, 수석 졸업을 한다. 수석 졸업을 할 정도면 대기업에 입사할 정도의 스펙은 충분했을 것이다. 그런데 왜 그는 그렇게 하지 않았을까? 그는 취업보다 창업을 원했지만, 학교 졸업 후에 아무 경험도 없이 창업한다는 것은 너무 무모해보여서, 직장에서 경험을 쌓고자 했다. 짧은 시간에 많은 것을 경험하려면 대기업보다 벤처기업이 훨씬 유리하다고 생각하여 갓 창업한 벤처기업을 일부러 골라서 입사했다.

처음 들어간 곳이 피텔(Fitel)이라는 회사인데, 주식거래를 온라인으로 처리하는 일이 핵심 업무였다. 이 회사는 에퀴넷(Equinet)이라는 증권회사, 투자회사, 은행의 컴퓨터를 연결하여 주식거래를 하는 컴퓨터망을 개발하고 관리하는 일을 했다. 그래서 컴퓨터 프로그램을 할 수 있는 엔지니어가 필요했다. 제프 베이조스는 1986년 초부터 약 2년간 근무한다. 이 회사의 온라인 주식거래 시스템 자체는 베이조스의 아이디어는 아니었던 것 같다. 그러나 그는 이곳에서 이 거래 시스템 개발과 서비스에 주도적인 역할을 했다.

제프 베이조스가 다음으로 이직한 곳은 뱅커스트러스트라는 곳인데, 1980~90년대 전 세계 파생상품 시장을 제패한 금융회사로 온라인으로 금융 거래 서비스를 하는 곳이었다. 이 회사에서 통신 네트워크를 구축하는 엔지니어링 부서의 책임자인 부사장을 역임했다. 온라인 주식거래 회사에서 온라인 금융 거래 회사로 옮긴 것인데 기술적으로는 같은 것이니 기술 담당 부사장으로 영입이 된 것이다. 수년 후 다시 디이쇼(D.E. Shaw)로 회사를 옮긴다. 이때가 1990년이다. 여기도 컴퓨터 기술을 이용한 최신식 트레이딩 시스템을 구축하는 곳으로 월가의 헤지펀드 회사였다. 제프 베이조스는 이 회사의 새로운 사업을 기획하는 부사장이었다. 뭔가 통하는 것이 있지 않은가? 제프 베이조스가 옮겨 다닌 세 개의 회사가 모두 뉴욕의 월 스트리트에 있는 금융회사였다.

'온라인 거래'라는 아이디어

그가 했던 일을 보면 공통적인 키워드가 있다. '컴퓨터 통신' '온라인 거래' '트레이딩'이다. 1990년대 초 무렵이니 아무리 미국이라고 해도 아직 인터넷을 통한 온라인 거래 기술이 보편화된 시기는 아니다. 그러나 제프 베이조스가 당연히 감지할 수 있었던 세상의 흐름은 바로 컴퓨터 통신에 의한 거래 시스템이었다.

아이디어 1퍼센트의 법칙

비슷하지 않은가? 이것과 현재의 아마존이 하는 '전자 상거래' 와 기본 개념은 같다. 컴퓨터를 통한 거래 시스템이 있고, 여기에 판매자와 구매자가 존재한다. 가격을 조정하고 나면, 결재하고 물건을 배송하면 된다. 시스템상에서 거래되는 물건이 주식일 수도 있고, 다른 물건일 수도 있지 않은가? 온라인 거래 시스템은 컴퓨터 프로그램의 관점에서 보면 똑같다.

실제로 이 아이디어를 떠올린 제프 베이조스는 전자상거래의 잠재력을 알고 책과 사무용품, 음악, 의류 등이 적합하다고 판단하여 인터넷 서적 유통을 디이쇼의 오너인 데이비드 쇼에 제안한다. 그러나 금융 쪽에서만 일해온 데이비드 쇼가 보기에 베이조스의 이 제안은 말도 안 되는 것이었다. 아직 회사가 시작한 주식의 '온라인 트레이딩 시스템'도 자리를 잡지 못한 상황에 새로운 사업 아이디어를 실행하는 건 시간 낭비라고 생각했을 듯하다.

그의 제안이 무시당하자, 제프 베이조스는 자신이 직접 창업해서 이 사업을 해볼 생각에 이르게 된다. 월 스트리트에서는 주식을 거래하지만, 이 시스템으로 다른 물건들도 거래할 수 있다. 그것을 실행해주는 거래 시스템의 프로그래밍은 거의 똑같은 단계를 거치는 것이다. 수년간 주식의 온라인 거래 시스템의 개발을 직접 담당해온 베이조스에게는 몇 가지만 수정한다면, 전자 상거래 시스템의 개발은 너무도 쉬운 일이다.

남다른 용기의 이유

새로운 비즈니스 아이디어가 떠올랐지만, 과연 성공할 수 있을까? 고민이 아닐 수 없다. 실패한다면 인생도 꼬인다. 누구에게나 미래의 일을 예측하는 것은 정말 어렵다. 그 어려움과 두려움을 헤쳐나가는 사람들은 용기가 넘치는 사람들일까? 지구가 평평하다고 온 세상 사람들이 믿을 때, 서쪽으로 계속 항해를 해나가면 인도가 나올 것이라고 믿었던 콜럼버스는 두려움을 모르는 용기의 화신이었던가?

용기가 있는 사람들은 대부분 그 일에 대해 자기 확신이 강하다. 아무리 남들이 아니라고 해도 다른 사람들은 모르는 사실을 바탕으로 스스로 믿는 구석이 있다. 그 믿음이 자기 확신으로 변했을 때, 비로소 그 일에 뛰어드는 것이다. 용기 있는 사람이 믿는 그 사실을 모르는 다른 사람들은 그것을 '만용'이라고 비웃지만, 실행하는 사람으로서는 어쩌면 당연히 성공할 일을 향해서 앞으로 나아가는 것일 뿐이다.

제프 베이조스도 다른 사람들과 똑같은 고민을 했다. 새로운 사업의 성공 가능성은 있지만, 그것을 확신할 만한 근거는 발견하지 못했다. 그런데 그가 이 사업의 가능성을 확신할 수 있는 계기가 생겼다. 1994년 초 IT 관련 잡지를 뒤지다가 재미있는 통계를 발견한다. 인터넷상에서의 웹 활동에 관한 통계를 우연히 보게 됐다. 막 시작된 웹 활동의 증가세가 엄청났는데, 그해의 웹 활동 통계를 보면 무려 2,300%나 전년도보다 증가한 것이다. 인터넷을 통한 활동이 막 변곡점을 통과하는 시기였다. 물론 그 통계는 전자상거래에 관한 것은 아니다. 그러나 사람들이 무언가를 검색하는 대상으로서 이 정도의 속도로 인터넷을 찾는다면 이것은 분명한 추세로 봐야 하는 것이 아닐까? 매년 이 정도의 성장세라면 인터넷을 통한 전자 상거래 사업의 성장도 이 추세를 따를 가능성이 크다. 비로소 이 사업에 대한 자기 확신을 하게 되자 막연히 아이디어로 가지고 있던 전자상거래 사업에 도전하기로 결단한다. 1994년 7월, "그래, 한번 해보는 거야!" 하며 회사에 사표를 던진다.

프로토타이핑

프로토타입(prototype)은 대량 생산에 앞서 미리 제작해보는 원형 또는 시제품으로, 제작물의 모형이라 할 수 있다. 프로토타입은 대량 생산을 하는 제조업이나 소프트웨어 개발에서도 똑같이 사용한다. 최근에는 각종 분야에서 디자인이 상업화되면서 디자인을 하는 거의 모든 분야에서도 이 용어와 개념을 사용한다. 정의해보면 '어떤 공학적 모델의 초기형', '시작 모델'이나 '대량 생산 이전에 만들어보는 시제품'이 될 것이다.

'시제품'과 '프로토타입'이 개념상 혼선이 올 수 있다. 여기에서 시제품은 모든 기능이 다 갖춰진 제품이다. 자동차 생산으로 비춰 본다면, 디자인이나 성능이나 원래 계획한 그대로이지만 대량 생산 이전에 수작업으로 만들어보는 모델이다. 차이가 있다면, 대량 생산 이전에 이런 작업을 해봄으로써 마지막으로 모든 기능과 성능을 테스트해보는 것이다. 이 시제품에서 하자가 없다면, 이를 바탕으로 대량 생산에서 필요한 금형이나 모든 설비를 갖춘다.

소프트웨어 개발에서 '프로토타입'은 좀 다른 의미로 사용한다. 개발 공정에 많은 시간과 인력이 소요되므로, 특정 기능이 가능하도록 핵심 기능만 구현해보는 것을 '프로토타입' 또는 '프로토타이핑'이라고 한다. 새로운 소프트웨어 제품을 개발하는 경우, 특정 기능만 새롭게 작동하고 나머지 부분은 같다면 이 프로토타이핑 만으로도 많은 것을 테스트해볼 수 있기 때문이다.

껍데기뿐인 디지털 모형

아직 아마존이 제대로 그 명성을 알리기 훨씬 전이다. 그때 필자가 공동 창업했던 벤처 회사에서도 온라인 백화점 사업을 구상하고 있었다. 마침 전략기획실을 맡고 있던 필자도 이 신규 프로젝트에 깊숙이 관여하게 됐다. 그때 우리 회사가 개발한 온라인 게임에서 흔히 사용하던 아바타로 사람들이 온라인상의 한 장소에서 만나는 온라인 로비 시스템을 기반으로 백화점을 구상하고 있었다.

우리가 모델로 했던 것은 실제 오프라인에서의 백화점이었다. 그래서 지하층에는 식품 코너, 1층에는 화장품 코너, 2층은 여성 의류, 3층은 아동복 코너, 4층은 남성 의류 매장, 5층은 스포츠 상품 코너로 구성했다. 일단 사람들이 직접 보고 이해할 수 있도록 프로토타입을 만들기로 했다.

인터넷상에서 물건을 사는 경우를 그려봤다. 주문-결제-배송의 단계를 거친다. 우리가 프로토타이핑한 모델은 주문과 결제 과정이었다. 배송은 결제하면서 고객이 배달 주소를 입력하면, 그 정보를 넘겨받은 배송업체에서 실행하는 것으로 가정하여 그 단계는 빼기로 했다. 그래픽으로 그려진 온라인 백화점에서 실제 오프라인 백화점처럼 많은 종류의 물건을 배치하는 것도 간략히 생략했다. 수백 종의 물건에서 겨우 수십 종의 상품으로 프로토타이핑했다. 이렇게 해서 완성된 우리의 프로토타이핑 버전은 〈KBS 9시 뉴스〉를 통해서 소개되기도 했다. '이제 백화점 쇼핑도 인터넷에서 가능한 세상'이라는 화려한 문구로 소개되면서, 우리 회사는 많은 방문객을 맞이했다.

가장 많이 궁금해하는 사람들은 백화점에 근무하는 직원들과 그 백화점의 경영진이었다. 그러나 그것이 전부였다. 우리 회사는 프로토타입 버전에서 한 발자국도 더 진전하지 못했다. 우리의 프로토타입은 인터넷상에서 백화점의 겉모습을 보여준 것일 뿐, 실제로는 단 하나의 상품도 거래되지 않는 그야말로 껍데기뿐인 디지털 모형이었다. 온라인 가상 세계에서 사람들이 만나고 물건을 흥정하며 결제하는 시연으로, 많은 궁금증을 해결한 오프라인 백화점에서는 자기들의 '온라인 백화점'을 만드는 데 가능한 모든 자원을 쏟아부었다. 그러나 그들도 아마존이 출현할 때까지 단 하나의 상품도 온라인으로 거래하지 못했다.

'온라인 거래'라는 새로운 아이디어에는 비슷하게 접근했지만, 그 아이디어를 실제로 구현할 때 본질이 무엇이고, 그 본질 속의 성공 요인이 무엇인지 예상조차 하지 못했다. 백화점 경영이나 운영에는 일말의 경험도 없었던 우리로서는 더 이상 진행할 아이디어가 없었다. 우리는 온라인 전자 상거래도 우리가 익숙한 게임으로만 생각했을 뿐 전자 상거래의 본질에는 근접하지 못한 것이었다. 우리는 온라인 백화점 프로젝트에서 전면 철수하고, 개발하던 온라인 게임 사업으로 다시 돌아갔다.

'핵 본질'을 찾아라

프로젝트 실행이나 사업을 할 때, 너무나 흔하게 사용하는 말이 '절대 성공 요인'인 CSF(Critical Success Factor)다. 아이디어의 실행에 있어서도 '절대 성공 요인'은 존재한다. 그러나 대부분 아이디어의 발상에 너무 치우친다. 아이디어를 짜내는 것에 너무 많은 시간과 노력을 투자하다 보니 아이디어가 튀어나오면 검토 과정도 없이 그대로 실행에 들어간다.

간단한 문제 해결에 대한 아이디어는 발상 자체가 실행 가능한 아이디어가 된다. 그러나 시간과 노력이 많이 투자되는 경우에는 아이디어의 발상과 구현은 또 다른 문제다. 오히려 발상의 과정보다 더욱 치밀하게 실행을 고민해야 한다. 이때 생각하는 방법 중의 하나가 '절대 성공 요인'에 집중적으로 생각하는 것이다. 이 CSF에 대한 고민에 많은 시간과 노력을 기울여야만 한다.

CSF는 천편일률적인 것이 아니다. 전체의 과정을 축소한 것도 아니다. 그 사업의 본질을 치고 들어가서 정곡을 찌르는 단 하나의 생각이다. 겉으로 보이는 것을 무시하는 것이 아니라, 그것을 이해하고 다시 내부로 깊이 들어가보는 것이다. 관련 사업의 데이터나 업계의 트렌드 등은 검토하고 분석해야 할 기본적인 사항이다. 그러나 그것만으로 사업의 본질이 보이는 것이 아니다. 본질은 숨어 있는 것이 많다. 숫자는 보이지만 문화나 관습, 인간의 본능이나 인간의 심리는 보이지 않는다. 이 보이지 않는 것들에 의외의 핵심 본질이 숨겨져 있는 경우가 많다.

실제로 해당 사업을 운영해보면서 잘 관찰하면 문제의 본질을 찾아낼 수도 있다. 그것을 미리 예상해서 발견할 수 있다면, 그것이 핵심적인 본질에 접근한 것이다. 사업은 대개 인간을 상대로 하는 것이기에 인간성의 본질까지 고려해야 그 사업의 '핵심 본질'에 접근할 수 있다. 가능한 좁고 깊게 생각해야 그만큼 아이디어의 실행이 쉽고, 본격적인 실행에 앞서서, 그 아이디어의 일부를 실험해볼 수 있다. 한 번 실험의 비용을 최소화해야 그런 종류의 실험도 여러 번 해내게 된다.

제프 베이조스의 실험정신

누구나 실패할 수 있다. 아이디어도 마찬가지다. 누구의 아이디어라 해도 실행하는 데 실패할 수 있다. 그러나 실패를 성공으로 가는 길에서 겪는 한순간의 실험으로 바라본다면, 효율적인 최적의 실험을 통하여 성공 가능성을 높일 수 있다.

2014년 어느 날, 제프 베이조스가 유타주의 기술협회 명예의 전당에 이름을 올렸을 때, 그 기념 만찬에서 다음과 같은 연설을 했다.

이 연설에서 '유용한 발명'을 아이디어로 대체해보면 아이디어 실행의 원칙과 그가 생각하는 실험의 의미를 잘 알 수 있다.

— 제 생각으로는 무언가를 발명하고 싶다면, 진심으로 혁신을 원하고 새로운 일을 하고 싶다면, 분명히 실패를 겪을 겁니다. 왜냐하면 실험해야 하니까요, 유용한 발명을 얼마나 많이 할 수 있느냐는 매주, 매달, 매년 몇 번의 실험을 하느냐에 정확히 비례한다고 생각합니다. 그러니 실험 수를 늘린다면 실패 수도 늘어나겠죠."●

그는 실험의 의미를 잘 아는 사람이다. 실험은 아이디어라는 아직 그 성공 가능성을 전혀 짐작할 수 없는 어떤 것을 가장 적은 비용으로 테스트해보는 일이다. 아이디어는 불완전하다. 그냥 그대로는 제품이나 서비스를 제공할 수도 없다. 중요한 요소들을 계속 실험하고 실패하면서 성공의 길을 다듬어나가는 것이다.

'핵 본질'에 접근해서 그에 따른 핵심 성공 요인을 찾아냈다면, 그것을 프로토타이핑하지 않을 수 없다. 어쩌면 프로토타이핑을 쉽게 지나치는 것은, 당면한 문제의 CSF를 모르기 때문이다.

우리의 '온라인 백화점'의 프로토타입은 그 겉모습만을 축소·요약한 것이었다. 세상에 처음으로 출현하는 '온라인 백화점'에 대

● 유타 기술협회 명예의 전당 만찬에서 한 연설 일부

한 일반 고객들의 심리적 거부감이나 상세한 절차에 대한 깊은 생각 없이 기존의 오프라인 백화점을 그대로 흉내만 냈다.

전자 상거래 시스템의 절대 성공 요인

다시 아마존으로 돌아가보자. 제프 베이조스가 생각한 사업 아이디어는 전자 상거래였다. 어떤 물건이든 주식의 온라인 거래처럼 온라인상에서 거래하는 것이다. 그런데 사람들이 이 새로운 형태의 거래를 익숙해하지 않는 것은 이 업체에 대한 신뢰 때문이다. 오프라인 상거래에서는 물건을 고르고 내가 물건을 가진 상태에서 돈을 지불한다. 그러나 온라인 거래에서는 일단 돈을 내고, 물건이 배송되어 오기를 기다려야 한다. 물론 물건을 먼저 배송하고, 나중에 돈을 받는 것으로 절차를 바꿀 수는 있다. 하지만 이런 경우 물건만 챙기고 돈을 지급하지 않는 부정거래가 속출할 것이다.

새로운 업체를 믿지 않는 것은 인간의 기본 심리다. 온라인 거래를 시작하는 베이조스로서는 어쩔 수 없는 장애 요소다. 그러나 이 상태를 가능하면 가장 빨리 돌파해야 한다. 신뢰할 만한 기업으로 알려지는 것이 중요하다. 마케팅 이론 중에 '네트워크 효과'라는 것이 있다. 신제품이 출시됐을 때 시장에 존재가 각인되는 것은 시장

아이디어 1퍼센트의 법칙

의 고객 10% 정도가 그 제품을 인지할 때다. 30% 정도가 인지하기 시작하면 폭발적인 성장을 하는데, 이것이 폭발의 임계점이다. 세상 사람들의 10%에게 이 '온라인 거래'라는 것을 알려야 한다.

온라인 백화점이나 인터넷 만물상을 최종의 목표로 삼더라도, 시장 진입의 초기에 모든 물건을 거래하게 하는 것은 현명하지 않다. 이 단계에서는 온라인으로 거래해도 내가 이미 지급한 돈을 떼일 염려가 없다는 정도의 신뢰만 확보하면 충분하다. 그렇다면 몇 가지 물건만 거래하면 된다. 아니, 단 하나의 물건만이라도 거래할 수 있으면 된다. 단 한 종류의 물품에서 신뢰를 확보한 이후에 점진적으로 만물상으로 나아가면 되는 것이다.

또 하나의 문제가 있다. 일반적으로 인간은 이익보다 손실의 충격을 더욱 크게 느낀다. 손실 대신에 얻을 수 있는 이득이 크다 하더라도, 내가 손실을 보게 된다면 그것을 더욱 크게 생각한다. 그래서 손실을 회피하는 쪽으로 모든 의사결정을 한다. 이것이 심리학에서 이야기하는 인간의 '손실 회피 성향'이다. 합리적으로 생각한다면, 손실의 확률과 기대하는 대가의 가치를 따져봐야 하지만, 인간의 심리는 무조건 손실 회피 쪽으로 나아간다.

전자 상거래의 경우, 이 손실 회피의 심리가 바로 적용된다. 만약 거래되는 물품이 고가라면, 사람들은 어떠한 편리함이 있더라도 전자 상거래로 그것을 사지 않을 것이다. 그러나 손실의 금액이 그다지 크지 않다면 어떨까? 그 거래가 주는 혜택이 확실하고 분명하다면, 사람들은 손실을 감수하면서도 거래를 해볼 것이다.

어떤 물건이 이에 해당하는 것일까? 사람들이 손해를 본다고 해도 그다지 크지 않은 금액이면서 온라인으로 거래할 때 혜택이 크다고 생각하는 물건은 옷일 수 있다. 그러나 직접 입어보고 치수가 잘 맞는지 확인한 후 옷을 사는 사람들도 있다. 브랜드마다 같은 치수라고 해도 사이즈가 조금씩 다르기 때문이다.

음식? 지금이야 음식 배달이 흔한 일이 되었지만, 1994년 당시로 돌아가 보면 이것은 대단한 어려웠다. 포장뿐 아니라 신선도의 유지도 어렵다. 그러나 무엇보다도 음식이라는 것은 만들어내기도 어려울 뿐 아니라, 좁은 지역 내에서 한정되는 상품이다. 아무리 맛있는 식당의 음식이라고 해도 일정한 거리 내의 고객들만이 거래 대상이 된다. 신뢰가 쌓이고 이름이 알려진다고 해도 로컬로 한정되는 상품은 매출에 한계가 있다.

다시 정리해보면, 온라인 거래를 할 수 있는 물건의 조건은 가격이 싸야 한다. 단위 물건당 가격이 20달러에서 30달러 정도이고, 포장이나 배달의 어려움이 없으면서, 배송 지역이 로컬로 한정되지 않는 상품이어야 한다.

신의 한 수

이 금액으로 살 수 있는 물건이 바로 책이다. 손실 회피의 성향을 고려해봐도 그 손실 금액은 쉽게 포기할 수 있다. 그런데 이것을 온라인으로 찾는다면, 새로운 세상이 열린다. 컴퓨터가 가장 잘하는 일이 검색이다. 그것도 도서명을 기준으로 데이터베이스를 만들어서 저장한다면, 책을 찾는 일은 한결 수월해진다. 분야, 도서명, 저자명에 따라 원하는 대로 찾을 수 있다. 책의 전체 내용은 아니지만, 책의 목차만이라도 제공하면, 그것을 통해서 책의 전체 내용을 훑어볼 수 있다.

책 한 권의 값은 미국의 경우 평균 25달러 정도다. 적다면 적고, 많다면 많은 금액이다. 온라인 거래를 하는 사람의 입장에서 보자. 이 거래를 통해서 이제 나는 25달러를 지불한다. 물론 책은 내 주소로 배달된다고, 이 웹사이트에는 안내되어 있다. 그러나 배달이 되지 않는다면 25달러를 손해볼 수 있다. 인간의 기본 심리인 '손실 회피 성향'으로 본다면, 사람들은 대부분 이 거래를 하지 않을 것이다.

그러나 만약의 경우 확률이 높지 않고, 설령 그런 경우가 생긴다고 해도 내가 입을 손실이 그리 크지 않은 금액이라면 생각을 달리할 수 있다. 기대하는 효과(즉, 책 구매의 편리성)가 만약의 경우 입을 손실보다 크다면, 새로운 방식을 통해서 시도해볼 마음이 생긴다.

서점에 가서 책을 구매할 때 도서명이나 저자 이름을 정확하게 모르면 책을 찾기가 쉽지 않다. 또한 대형서점이라고 해도 모든 책을 즉시 가져다 놓을 수는 없다. 베스트셀러라면 쉽게 살 수 있지만, 판매가 잘 안 되는 책이라면 서점이 보유하고 있지 않은 경우가 많다. 그런데 이 사이트에선 고객이 원하는 책을 구해서 보내준다고 약속하는 것이 아닌가.

결과론적인 이야기이지만, 아마존이 전자상거래의 첫 번째 품목으로 책이 아닌 다른 물건이었다면 결코 성공하지 못했을 것이다. 손실 회피 성향을 절묘하게 피한 것이 책이었고. 기존 서점에서의 불편함(구매하려는 책 찾기)은 인식하는 순간 상대적으로 더 크게 느낄 수 있어서 25달러 정도의 손실은 쉽게 포기할 수 있었다.

무엇보다도 책 장사는 돈이 되는 규모의 수요가 있었다. 한 개의 서점에서의 매출은 미미하지만, 책은 정해진 중간 이윤이 꽤 높은 품목이고, 그것이 미국 전체 또는 세계에서 가장 큰 유일한 서점일 경우, 합해진 매출은 엄청나다. 오프라인 매장에서의 확장은 엄청난 설비 투자가 요구되지만, 온라인은 그런 규모의 확장성에서 최소한의 비용으로 무한대이기 때문이다.

아이디어 1퍼센트의 법칙

실행은 전략이다

전자 상거래라는 아이디어로 1994년 7월 아마존을 창업한 제프 베이조스는 1년 만인 1995년 6월 드디어 '세계 최대 서점'인 아마존의 서비스를 시작했다. 창업 이후 거의 모든 시간을 책 검색의 데이터베이스 구축에 사용했을 것이다. 처음 오픈하면서 '지상 최대의 서점'이라고 호언장담을 했고, 실제로 이때 아마존의 데이터베이스에는 100만 종의 책이 존재했다. 실제 책이 아니라, 그의 데이터베이스 속에 데이터로서 말이다. 서비스를 시작한 지 꼭 1년 만인 1996년 6월 드디어 세계 최초로 회원 1,000만 명을 달성했다. 오직 책만 거래하는 온라인 서점으로서 굳건히 자리매김했다. 최초의 아이디어였던 온라인 만물상의 꿈은 그 다음 해인 1997년 VHS, CD, 게임을 비롯하여 옷, 가구, 음식으로 다양화하면서 이루어냈다.

더욱 놀라운 것은, 창업을 시작하고 아마존 시스템을 구축하는 그 바쁜 시간에 제프 베이조스는 1994년 9월 2일까지 전미서점협회에서 주관하는 서점 운영을 위한 재무와 재고 관리, 고객서비스 등의 강좌를 모두 자신이 직접 수강했다고 한다. 최단 시간 내에 서점 관리에 관한 모든 경험을 흡수하기에 이보다 더 나은 방법이 있을까? 이 간접 경험들을 자신의 것으로 머릿속에 집어넣은 다음, 서점 관리에 온라인이라는 새로운 기술을 접목하여 혁신적인 아이디어들을 만들어낸 것이다.

아이디어를 실행할 땐 자원과 처한 상황에 맞춰 전략적 요소를 최대한 고려해야 한다. 지금까지 전혀 세상에 알려지지 않은 기업인 아마존을 세상에 알리고, 전혀 세상에 알려지지 않았던 새로운 방식의 온라인 거래를 시작하면서 고심한 전략적 선택이었다. 인간의 숨어 있는 욕구인 '손실 회피 심리'를 간파하여, 분실한다고 해도 참고 넘어갈 수 있는 가격의 물건인 책을 첫 번째 상품으로 선택했다.

창업 초기부터 또 하나 관찰되는 것은 시장점유율 확대 전략이다. 아마존은 절대 단기간의 이익에 현혹되지 않는다. 철저하게 고객을 위해서라는 명분으로, 그들의 서비스 가격을 저렴하게 책정한다. 그래서 이익도 적지만, 그런 만큼 다른 경쟁사들이 아마존을 따라가기가 힘들다. 서비스 중간 이윤은 최대한 적게 하고, 미래를 위한 투자는 많이 하면서 적절한 이익을 유지한다. 놀라지 마라. 아마존은 직원들의 연봉까지도 경쟁적이다. 아마존이 창업한 이후 계속 적자를 기록하다가 10년이 지난 2003년에 처음으로 이익을 기록했다.

2022년 현재, 1조 달러 이상의 기업 가치를 가진 세계에서 다섯 번째로 큰 회사다. 주식시장에 상장된 회사의 가치는 주당 가격에 주식 수를 곱해서 나온다. 대부분 회사의 이익이 높아야 회사의 주가도 오르고 그에 따라서 회사의 가치(Market Capitalization)도 높아진다. 아마존은 전 세계에서 가장 이익이 적게 나면서도, 상대적으로 가장 주식 가격이 높은 회사다. 전 세계의 모든 상거래 기업들이 아마존 따라하기(Amazonification)를 하는 이유가 있다. 현재와 미래의 가치를 반영하는 지표 중에는 글로벌 시장 조사 업체 칸타(Kantar)가 매년 발표하는 '기업별 브랜드 가치'가 있다. 2021년 자료에 의하면 아마존이 부동의 1위 자리를 지키고 있다. 애플과 구글을 제치고 3년 연속 1위다. 우리나라의 삼성은 42위 정도를 유지하고 있다.

왜, 그들은 성공했을까?

기업 경영에서 성공한 사례는 많다. 물론 창업의 성공 확률을 0.1%로 본다면, 창업에서 실패한 사례는 그 1,000배가 넘는 더욱 많은 사례가 있을 것이다. 나는 기업 경영의 성공 사례에서 우선 테슬라의 CEO 일론 머스크의 이야기를 해보고 싶다.

일론 머스크는 2022년 기준 세계에서 가장 부유한 인물이며 인류 역사상 최초로 개인의 자산이 3,000억 달러를 돌파했다. 항공우주, 전기차, 인공지능, 인터넷 위성군, 초고속열차 등 다양한 첨단 과학 분야 기업을 경영하며 글로벌 기술시장을 선도하고 있다. 그는 트윗 한 줄만으로 주식, 암호화폐와 같은 투자 분야의 상품들을 수십조 원씩 상승 또는 하락시키기도 한다. 전 세계에서 가장 영향력 있는 경영인으로 손꼽히지만, 그에 걸맞지 않은 진중하지 못한 태도와 종잡을 수 없는 행보로 인해, 신뢰할 수 없는 소시오패스라는 악평과 천재적인 능력을 갖춘 기업가라는 칭송을 동시에 받고 있다.

필자는 테슬라가 아직 최고의 자동차 회사가 되기 훨씬 전, 일론 머스크도 그리 유명 인사가 되기 전부터 그를 기억한다. 구글의 창업자이자 당시 세계 최고의 부자로 알려진 래리 페이지가 인터뷰하는 장면이 나왔다. 사회자가 래리 페이지에게 물었다. 당신이 죽고 나면 당신의 그 많은 재산은 누구에게 줄 것인가?

"단 한 사람, 일론 머스크에게 줄 것입니다. 인간을 화성에 보내는 일에 보태 쓰라고."

전 재산을 자식이 아닌 다른 사람에게 준다는 사람도 특이하지만, 도대체 어떤 사람이길래 세계 최고 부자의 전 재산을 기증받는 것일까 하는 궁금증이 생겼다.

그는 시작부터 달랐다

일론 머스크는 남아프리카공화국 프리토리아에서 1971년 엔지니어인 아버지와 모델인 어머니 사이에서 태어났다. 일론 머스크는 자신이 불행한 유년 시절을 겪었다고 여러 번 밝혀 왔는데, 이는 부모님의 이혼과 폭력적이고 독재자로 가족들에게 군림한 아버지 때문이었다. 그러나 그는 부모님의 이혼 후 아버지와 함께 살았다. 엔지니어이자 부동산 개발업자로서 경제적 부를 축적했던 아버지와 함께 사는 것이 자신의 삶에 훨씬 유리할 거라고 판단했기 때문이다. 그는 컴퓨터 프로그래밍을 좋아했고 능숙하게 잘했다. 독학으로 배운 코딩 실력이 뛰어나서 12세 때 만든 게임을 게임 개발사에 돈을 받고 팔 정도였다고 한다.

그가 스탠퍼드대학교 박사 과정을 포기하고 시작했던 첫 사업인 Zip2도 결국은 그의 프로그래밍 실력으로 만든 소프트웨어 때문에 가능했다. 그 이후에 창업한 X.com도 그의 코딩 실력이 없었다면, 결코 존재할 수 없는 온라인 금융 서비스였다. 이때가 1999년 무렵이다. 막 인터넷이 폭발적인 성장을 시작할 때였다.

한편, 우크라이나 이민자 출신인 맥스 레브친과 전 세계 CEO와 창업가들이 극찬한 책 《제로 투 원(Zero to One)》의 저자로 유명한 피터 틸(Peter Thiel)이 만나서 보안 소프트웨어 회사를 창업했다. 그러다가 온라인 송금 서비스를 개발하게 됐는데, 이것이 일론 머스크가 X.com에서 만든 온라인 금융 서비스와 비슷했던 모양이다. 서로 경쟁할 수밖에 없는 상황이었는데, 현명하게도 이들은 서로의 회사를 합병하면서 규모를 키우는 방법을 선택했다. 맥스 레브친이 기술을 전적으로 담당했고, 피터 틸과 일론 머스크는 초창기에는 역할이 겹쳤던 것 같다. 비슷한 두 회사가 합병되자 처음

아이디어 1퍼센트의 법칙

에는 일론 머스크가 CEO를 했지만, 불만들이 나왔다. 그래서 그가 거의 손을 뗀 이후에는 피터 틸이 CEO를 했던 것 같다. 역사에 남을 두 창업의 천재들이니 서로가 인정하는 부분도 있겠지만, 강력하게 경쟁하는 면도 있었을 것 같다. 아무튼 2002년 7월 나스닥 (NASDAQ)에 상장시킬 수 있었고, 여세를 몰아서 2002년 말 페이팔(PayPal)을 이베이에 M&A 시킨다. 이때 받은 돈이 15억 달러였고, 이 돈을 분배하면서 일론 머스크는 1억 8,000만 달러를 손에 넣었다.

확률적 사고에 기반한 아이디어

── 미래는 확실하지 않습니다. 여러 갈래로 이루어진 확률의 묶음일 뿐이지요. *

확률이란 결과는 단정적인 것이 아니다. 확실하게 정해진 것이 아니라면, 성공할 수도 있고, 실패할 수도 있다. 그것이 확률이다. 똑같은 일을 반복해도 결과가 달라질 수 있다고 본다. 일론 머스크의 생각은 우리 인간이 하는 대부분의 일은 확률적이라는 것이다. 똑

---

*   피터 디아만디스 외 , 《볼드(Bold)》, 비즈니스북스, 2016

같은 커피 가게를 똑같은 지역에서 하더라도 어떤 사람은 실패하지만, 어떤 사람은 성공할 수 있다. 우리가 해야 할 일은 성공 확률을 높이는 방법을 찾는 것이다. 성공 가능성이 큰 아이디어를 생각하고 또 생각하는 것. 그러면 성공할 수 있다. 아니 성공의 확률을 좀 더 높일 수 있다.

다른 사람이 한 번 시도해보는 일을 10번 시도한다면, 그 사람의 성공 확률은 다른 사람들보다 10배 높아지는 것이다. 그리고 매번 시도할 때마다 직전의 시도에서 실패했던 요인을 분석해서 해결할 수 있는 아이디어를 적용한다면 성공 확률은 거의 100%에 이를 수 있지 않겠는가. 너무도 명쾌하고 누구도 반박할 수 없는 성공 이론이다.

그를 도전으로 이끄는 것은 확률만이 아니다. 전혀 성공 확률이 높지 않은 일에 그가 선뜻 나서는 까닭은 무엇일까? 단순히 어려운 일에 처했을 때 긴장감을 만끽하는 위험 쾌락주의자여서일까? 그가 말하는 것은 그의 목적성이다. 확률이 낮더라도 그 일의 목적이 분명하다면 도전하는 것이다.

─── 성공 확률이 아주 낮더라도 목적이 정말로 중요하다면 해볼 만한 가치가 있습니다. 반대로 목적이 별로 중요하지 않다면 확률이 훨씬 높아야 하겠지요. 저는 어느 프로젝트를 추진할지 결정할 때 목적의 중요성에 확률을 곱해보고 결정합니다."•

아이디어 1퍼센트의 법칙

생각할 줄 알면 아이디어는 나온다

일론 머스크는 어릴 적부터 컴퓨터 프로그래밍을 하며 자연스럽게 생각하는 연습을 해왔다. 프로그래밍 공부를 조금이라도 해본 사람들은 충분히 동의할 것이다. 문제 정의나 문제 해결을 위한 논리를 짜는 것은 생각이다. 코딩은 그 생각들을 문자로 표시한 것뿐이다. 생각을 질리지 않고 오랜 시간 그리고 깊게 할 수 있는 사람이 코딩도 잘한다. 생각하기를 싫어하는 사람들은 대부분 프로그래밍을 싫어하고 잘하지 못한다. 수학을 포기한 사람들이 대부분 생각하기를 싫어하는 것과 같은 이치다.

— 물리학은 좋은 생각을 위한 기반이다. 생각할 것들을 요약해 바닥까지 내려와서 그것의 근본적인 진실에 도달하면 거기서부터 생각해 올라가라.

일론 머스크가 생각하는 방법을 알고 한 말이다.

그는 경제학에 물리학까지 복수 전공하여 공부하면서 생각에 관한 수많은 체험을 해본 것이다. 생각해야 할 요소를 정리할 수 있고, 그 하나하나 요소들의 핵심까지 도달한다는 것은 문제에 직

● 피터 디아만디스 외 , 《볼드(Bold)》, 비즈니스북스, 2016

면하여 해결을 위한 아이디어 발상에 이르는 동안의 생각하는 방법과 흡사하다. 생각할 줄 아는 사람으로서는 문제만 정의된다면, 해결 방법은 시간의 문제다. 충분히 생각하고, 그 생각대로 실행해보고, 실패하면 다시 생각해보고 실행한다. 성공할 때까지 시간이 걸리는 것뿐이다. 컴퓨터 코딩 자체가 문제 해결을 위한 절차이자 그것을 만들어내는 도구다. 어릴 적부터 코딩하면서 문제가 무엇인지 파악하고 그것의 해결 방법을 생각하는 습관을 지녔기 때문에 문제 해결의 아이디어를 떠올리는 것이 자연스럽게 체화됐다.

또 하나 주목해야 할 것은 머스크의 해결 방법은 혁신적인 아이디어를 선호한다는 것이다. 쉽게 문제 자체만을 해결하는 것이 아니다. 해결 방법 자체가 아주 혁신적일 것을 요구한다. 효과가 개선되더라도 20~30% 개선을 목표로 하는 것이 아니라, 10배, 100배, 1,000배의 효과를 내는 혁신적인 결과를 요구한다. 일론 머스크가 2022년 11월, '미국 국립과학과 엔지니어링학회'에서 했던 초청 연설에서 그 힌트를 얻을 수 있다.

— 실패하지 않았다면, 그 일은 충분히 혁신적이지 않았다는 이야기이지요.

무슨 말인가? 혁신을 위해서는 실패하고 또 실패해보라는 말이다.

다시 말하자면, 쉬운 성공을 하지 말라는 의미다. 무슨 일을 하든 충분히 도전적인, 그래서 엄청나게 혁신적인 것을 계획하고 실행해보라는 것이다. 충분히 혁신적이라면 몇 번은 당연히 실패하겠지만, 고민에 고민을 거듭하고 방법을 찾다 보면 성공할 수 있다는 뜻이다.

스페이스X의 이야기로 다시 돌아가보자. 최초의 아이디어는 NASA가 하는 로켓 발사 비용이 너무 엄청나다는 것이 문제였다. 우주 프로젝트는 국가가 운영하는 과학 미션의 프로젝트다. 비용이 과하게 들더라도 그 미션을 성공적으로 수행하는 일이 중요하다. 민간 기업의 프로젝트처럼 비용에 관해서 고심할 필요가 없었다. 일론 머스크가 착안한 아이디어는 매우 단순했다. 스페이스X 사업도 아이디어의 핵심은 우주 정거장으로 가는 로켓을 재사용하자는 것이다. 지금까지 미국의 NASA에서 주관해왔던 우주 계획에서는 한 번도 고려조차 해보지 않았던 생각이다.

— 실제 데이터가 하나 있다. 1969년 아폴로 프로젝트로 인류가 달 착륙에 성공한다. 이 아폴로 프로젝트에는 1호부터 16호까지 세부 계획이 있었다. 아폴로 11호가 최초로 인류를 달에 보낸 세부 계획이었다. 이 아폴로 11호를 위해서 사용된 로켓, 우주선, 착륙선 그리고 지구로 귀환하는 사령선 등 사용된 모든 하드웨어의

총 중량이 2,800톤 정도였다고 한다. 그러나 임무를 수행하고 지구로 귀환하는 것은 우주인들을 태운 사령선뿐이다. 이 사령선의 무게가 약 5톤이었으니, 매번의 항해에서 재활용은 차치하고 돌아오는 하드웨어의 중량은 겨우 0.18%였다. 거의 모든 하드웨어가 일회용으로 사용되고, 한 번의 우주 발사에서 재활용되는 것은 전혀 없었던 셈이다.*

천문학적 숫자의 자금이 소용되는 우주항공 사업에 뛰어들면서, 그가 가졌던 이 아이디어는 NASA에 신선한 충격을 줬다. 더구나 새로운 밀레니엄에 접어들면서 재정 악화에 시달리던 미국 정부가 우주개발 사업의 예산을 대폭 축소하는 과정에서 NASA로서는 일론 머스크의 재활용 아이디어에 귀를 기울일 수밖에 없었다. 이후 NASA는 전폭적으로 일론 머스크의 이 아이디어에 매달린다. 그래서 우주 정거장에 화물을 운송하는 일도 민간 기업인 스페이스X와 계약을 하고 새로운 우주 로켓 개발도 민간에 용역을 주는 것으로 계획을 수정했다.

그에게 사업은 단순히 돈을 벌기 위한 일이 아니다. 사업 자체를 인류의 미래를 준비하는 과정으로 보고, 새로운 문명을 만들어내는 시작점으로 보는 것이다. 스페이스X는 환경 오염에 빠진 지구

---

* 〈Economist〉, 2022. 2. 19 기사 중 인용

아이디어 1퍼센트의 법칙

에서 탈출하여 인류를 화성으로 정착시키기 위해서 하는 사업이다. 화성 정착이라는 그의 일생일대의 원대한 목적을 위한 프로젝트인 것이다.

2002년에 창업한 스페이스X는 2008년에 민간 기업 최초로 액체 추진 로켓을 지구 궤도에 진입시켰고, 2011년 재사용 가능한 로켓 개발에 착수하여 2017년 드디어 1단 추진 로켓을 발사에 재사용한 뒤 착륙에 성공한다. 2021년에는 NASA로부터 달 착륙선 개발 사업자 선정 프로젝트에서 제프 베이조스가 이끄는 블루오리진과 경쟁하여, 이 프로젝트를 수주한다.

전기자동차라는 아이디어

자동차는 대량 생산이 가능해야 수지 타산을 맞추는 사업이다. 대량 생산의 체제를 갖추면서, 이익을 낸다는 것은 설계-생산-유통-AS의 모든 단계가 최고 수준에 도달해야 하는 사업이다. 그래서 아직 일반 자동차를 엔진 설계에서부터 완성차까지 전부 만들어내는 국가는 몇 개 되지 않는데 미국. 일본. 독일. 프랑스. 이탈리아. 한국 정도로 그만큼 어려운 사업이다.

수만 개의 부품 중에서 어느 하나라도 문제가 발견되면, 그동안 팔렸던 모든 자동차를 회수해서 책임지고 고쳐주는 것이 바로 '리콜' 제도인데, 현대의 산업 중에서 가장 리콜이 많은 업종이 자동차다. 사람들이 차를 타고 다니다 사고가 나면 생명을 잃을 수 있으니 안전이 무척 중요한 제품이다. 이제는 생활필수품이 되다 보니 자동차에 대한 정보를 많이 알고 있는 까다로운 소비자의 요구에 맞추기 위해서는 대자본이 필요한 사업이다. 무엇보다 소비자에게 장기간 시달려본 업력이 필요하다. 그래서 지난 100년 동안이 완성차를 만드는 자동차 사업에는 새로이 뛰어드는 미친 사람들이 거의 없었다.

이런 사업에 일론 머스크가 뛰어들게 된다. 테슬라는 일론 머스크가 직접 창업한 회사는 아니다. 테슬라는 그가 투자자이자 회장으로서 참여하기 1여 년 전인 2003년 전기 자동차에 미쳐 있던 엔지니어인 마틴 에버하드(Martin Eberhard)와 마크 타페닝(Marc Tarpenning)이 설립했다. 이후 테슬라의 공동 창업자로 JB 스트로벨(JB Straubel), 이안 라이트(Ian Wright) 및 현 테슬라 최고경영자인 일론 머스크가 합류했다. 새로운 전기 자동차를 개발하기 위한 자금과 투자 인맥이 절실했던 창업자 두 사람이 일론 머스크를 설득해서 끌어들인 것이다.

— 우리는 자동차 회사를 만드는 데 필요한 게 무엇인지도 잘 모르고 정말 아주 순진한 생각으로 회사를 시작했죠. 그야말로 모든 게 실수투성이였어요. 결국 우리가 로드스타를 시장에 내놓는 데

필요하다고 생각했던 자본의 최소 5배는 들어간 것 같아요."*

테슬라는 일론 머스크가 사업에 대한 명확한 아이디어 없이 끌려 들어간 사업체다. 그가 했던 모든 사업 아이템은 기본적으로 일론 머스크 자신의 아이디어를 바탕으로 시작됐다. 그러나 테슬라는 그의 아이디어가 아니었다. 다만 환경보호라는 제법 그럴듯해 보이는 철학적·사회적 의미가 있는 사업이었을 뿐이다. 좀 더 속물적으로 보자면 사업의 목적에 과다한 의미를 부여하는 머스크가 낚인 것이 아니었을까? 테슬라를 공동 창업한 두 사람이 투자자를 찾고 있을 때, 마침 일론 머스크가 걸려든 것 같다.

2004년 2월에 처음 만나서, 그해 7월에 투자하면서 회장으로 취임했으니 초고속이다. 마침 페이팔을 처분하고 돈방석에 올랐으나, 돈을 쓰고 놀아봐도 사업만큼 재미있는 일은 없다고 생각했을 때다. 그런데 이것이 그리 쉬운 일이 아니었다. 계획대로 진행되는 일은 하나도 없었다. 투자한 돈은 이미 바닥이 나고, 밑 빠진 독에 물을 붓는 격이었다. 여러 자료에 의하면, 그때쯤 투자자로서 참여하던 머스크가 제정신을 차린 것 같았다. 본격적으로 전기차 개발에 뛰어들 것을 결심한다.

---

* 찰스 모리스, 《테슬라 모터스》, 을유문화사, 2020

2008년 테슬라의 엄청난 재정난에 추가로 그의 돈 4,000만 달러를 투자한다. 총 7,500만 달러를 테슬라 한 회사에만 투자한 것이다. 이미 스페이스X에 투자하고 나서 남은 돈 거의 전부를 테슬라에 투자한 꼴이다. 테슬라의 내부 사정을 환히 알면서 투자한 그는 직접 실무를 챙기며 일하는 CEO로 변신한다.

자동차의 개념을 바꾼다

일론 머스크는 생각하는 훈련이 잘 되어 있다. 그는 다른 사람들은 전혀 생각할 수 없었던 기발한 아이디어를 곧잘 도출하는 방법도 갖고 있는 듯하다. 소위 말하는 '개념 교체'다.

스페이스X를 창업한 근본 아이디어도 '로켓은 한 번 사용하고 버린다'라는 기본 개념을 뒤집은 발상이다. 일단 기본 개념을 뒤집어서 새로운 아이디어를 발상하고, 그것의 실현 가능성을 지속해서 생각하고 실험해보면서 구체화한다. 아이디어를 생각해낼 때 가장 어려운 일이 초기의 첫 발상이다. 그런데 머스크는 이것을 '개념 교체'라는 방법을 사용하여 아주 쉽게 시작했다. 어차피 아이디어는 실행으로 옮겨 성공할 때까지는 별것이 아니다. 다양한 아이디어를 내놓고 여러 번 실험을 거쳐 마침내 성공하면 된다. 개념을 잡는 것이 어렵지, 개념만 확고하다면, 그 실행은 자신이 있

아이디어 1퍼센트의 법칙

다는 식이다.

전기 자동차를 만들면서 머스크는 자동차라는 개념을 여러 번 수정해본 것 같았다. 그만큼 테슬라의 자동차는 다른 차와 달랐다. 기존의 자동차에 익숙하거나 자동차 산업에 종사하는 사람들은 자동차에 대한 고정 관념을 버리는 일이 가장 어렵다. 기존의 자동차의 편리함을 평가할 때 엔진의 성능이나 연비, 달릴 때의 안정감이나 시트의 편안함 등이 기준이다. 그러나 전기차에 대한 평가 방법은 그것이 아니다. 오히려 인터페이스의 편리함이든가, 새로운 기능이 주는 즐거움이다. 새로운 스마트폰이 우리에게 제공하는 편리함 같은 것이다. 실제로 모델 S를 처음 탔을 때의 느낌은 기존 자동차와는 달랐다. 마치 어마어마하게 큰 아이폰 속에 내가 타고 있다는 느낌을 받았다. 아마 운전석 옆에 달린 커다란 액정 때문일 것이다.

머스크가 테슬라의 경영에 참여하면서 제안했던 첫 번째 아이디어는 전기 자동차의 기본 콘셉트에 관한 것이다. 돈을 절약해주는 합리적인 자동차가 아니다. 전기로 달리면서도 경주용 자동차처럼 날렵한 차를 만들기로 했다. 눈에 확 띄는 자동차를 원했던 것이다. 실제로 이들이 처음 생산한 '로드스타'는 지금 보아도 모양이 꽤 괜찮은 편이다. 필자도 2013년 테슬라 매장에 가서 모델 S를 보았지만, 사진으로 보았던 로드스타가 너무 멋져서 로드스타를 구매할 수는 없냐고 물었을 정도다.

2023년형 테슬라의 고급형인 모델 X를 타보고 난 느낌은 자동차가 아니라 고급 사무실에 들어선 느낌이었다. 베타 테스트인 자율주행까지는 해보지 못했으나, 시원하게 열린 통창으로 바깥 경치를 바라보며 음악을 들으면서 오토 파일럿으로 전환을 하니, 운전자인 나는 운전을 하는 것이 아니었다. 전원에 있는 고급 카페에 앉아서 인터넷으로 음악을 들으며 차를 마시는 기분이었다.

아이디어맨의 필살기

일론 머스크가 가진 최고 장점이 있다. 평소 아이디어가 많거나 리더의 위치에 오랫동안 있었던 사람들이라면 좀처럼 갖기 어려운 태도다. 바로 다른 사람들의 직설적인 피드백을 마다하지 않는다는 것이다. 전문가나 평소 자신과는 친분이 없는 타인에게 조언을 들을 수는 있다. 그러나 자신이 하는 일과 자기 생각까지 잘 아는 주변 사람들의 부정적인 피드백을 기꺼이 듣는다는 건 쉽지 않다. 그는 한 매체와의 인터뷰에서 다음과 같이 말했다.

—— 쉽지 않죠, 하지만 친구들의 부정적인 피드백을 받는 것은 정말 중요합니다. 특히 그런 피드백이 최대한 빨리 내가 뭘 잘못하고 있고, 어떻게 방향을 틀어야 할지 알아챌 수 있게 해준다면 말이

아이디어 1퍼센트의 법칙

죠. 하지만 사람들은 보통 피드백을 부탁하지 않습니다. 얼른 방향을 틀어서 현실에 맞게 경로를 수정하지 않는 거죠."•

세계적인 경영자이지만 신중하지 못한 언행으로 자주 언론에 회자되는 일론 머스크다. 그것은 그때그때 주체할 수 없을 정도로 새로운 아이디어가 마구 튀어나오기 때문이 아닐까? 그러면서도 그가 주변 사람들의 혹평이나 잔소리를 기꺼이 수용하는 것은 부정적인 의견이 정제되지 않은 아이디어를 걸러내는 데 중요한 역할을 하기 때문이다. 창업자 또는 경영자로서의 머스크는 아이디어맨이다. 기존의 개념을 뒤집는 개념 교체로 기발한 아이디어를 많이 생각한다. 그러면서 주위 사람들의 혹평에 귀 기울여서 걸러내고, 수많은 실패를 통해서 아이디어를 검증하고 수정하면서 성공을 일궈낸다. 그의 최고 능력은 그가 말한 대로, 근본까지 파내려가며 깊이 들여다보는 그만의 생각법이 아닐까?

• 피터 디아만디스 외 ,《볼드(Bold)》, 비즈니스북스, 2016

왜, 그가 직접 했을까?

내가 가장 듣기 싫어하는 말이 있다. 대부분 우리 사회의 지도자들이 내뱉는 말이다. 이 말은 "어떻게 하실 것입니까?"라는 질문에 대한 정답처럼, 각계각층의 지도자급 인사들이 "법과 원칙에 따라서 처리할 것입니다"라는 말이다. 묻는 기자들이나 답하는 현직의 높은 분들이나 한결같다. 똑같은 질문과 똑같은 대답을 국가의 공식 행사의 국민 의례처럼 한다.

이것은 한참 잘못된 일이다. 법과 원칙에 따라서 해야 하는 일과 아이디어를 짜내서 해내야 하는 일을 착각하고 있다. 다시 말하면 판단과 문제 해결을 위해 해야 하는 일을 혼돈하고 있다. 그런데 리더들이 해야 하는 일이 이런 판단만 하면 되는 것이 아니다. 현대 사회가 복잡하게 얽히고 설키면서 해결해야 하는 문제가 무수히 생겨났다. 가령, 이 시대의 화두가 되는 일자리 창출을 예시로 들어보자. 일자리 창출이 필요하다, 또는 필요하지 않다를 판단하는 것이 아니다. 누구나 동의하고 어쩌면 국가의 미래 생존이 걸린 절체절명의 문제다. 반드시 해결해야 하는 문제다. 판단이 필요한 것이 아니라, 일자리 창출이라는 문제 해결이 본질이다.

우리의 리더들은 이 문제를 해결하려고 하지 않는다. 아니 정확하게 말하자면 해결하고 싶으나, 문제 해결 능력이 없는 것이다. 한 번도 문제 해결을 고민해보지 않았고, 오로지 자신들이 생각하는 원칙에 따라서 판단만 해온 사람들이 대부분이기 때문이다. 리더가 해결해야 할 문제를 리더는 고민하지 않고(아이디어를 내지 않고. 전략이나 방향을 리더 자신의 머리로 생각하지 않고) 아랫사람에게 미룬다. 아랫사람은 또 다른 아랫사람에게 미루면서, 이 문제는 해결되지 않은 채 유령처럼 우리 모두의 영혼을 괴롭힌다. 그러나 인간 세상에 해결되지 않는 문제란 없다. 완벽한 해결은 아니더라도 상황에 맞게 해결해나가야 한다. 그것이 우리가 해야 하는 책임 있는 행동이다.

창조적 민첩성

리더의 스타일을 여러 관점에서 구분해볼 수 있지만, 조직의 문제에 대처하는 리더는 두 종류의 유형이 있다. 권위형 리더와 참여형 리더다. 어떤 유형이든 최종 결정은 리더가 해야 하지만, 참여형 리더는 주로 직접 문제 해결에 뛰어드는 리더다. 이런 유형 중에서도 독재적인 스타일이 있고, 구성원의 적극 참여를 유도하는 스튜어드십(Stewardship) 리더도 있다. 스튜어드십 리더는 목표를 공유하고 구성원들이 리더의 역할을 담당하기도 한다. 리더가 구성원들과 조직을 전적으로 책임지기는 하지만 구성원들을 통제하는 것이 아니라 상호 배려하면서 목표를 추구한다.

참여형 리더는 스스로 아이디어를 내기도 하지만, 다른 사람의 이야기를 듣고 자기 생각으로 흡수한다. 상대편에서 보면 마치 아이디어를 훔쳐 가는 것처럼 보인다. 그러나 이것은 문제에 이미 '락온'이 돼 있고, 스스로 아이디어를 찾는 과정에서, 다른 사람의 아이디어가 힌트가 된 것이다. 자신이 고민하던 아이디어에 불을 당긴 것과 같다. 문제 해결을 위한 아이디어라면 어떤 과정을 거쳐서 누가 낸 아이디어인지는 참여형 리더에게 중요하지 않다.

다변화되고 복잡한 사회 구조에서 리더 한 사람이 모든 것에 전문적일 수 없다. 오히려 한 분야에 전문적인 사람은 판단이 편협해질 가능성이 크다. 리더라면 오히려 한 곳에 전문성을 가지는 것보다 여러 분야에 걸쳐서 경험이 있는 것이 필요하다. 다만 리더로서의 가장 기본적인 능력은 '전체를 보는 눈'이다. 이 능력을 갖춘 리더라면, 독재적 스타일이든 민주적 스타일이든 크게 문제될 것이 없다.

전체를 볼 수 있는 눈이 있으면서, 다른 사람의 말 속에서 문제의 본질을 파악하는 능력이 필요하다. 자신이 아이디어를 내는 것보다 오히려 다른 사람들의 아이디어를 이해하고 흡수하는 능력이 더욱 중요하다. 그래야 조직 전체의 아이디어가 질적으로나 양적으로 풍부해질 수 있다. 창의적인 리더의 이 능력을 필자는 '창조적 민첩성'이라고 부르고 싶다. 조직의 리더, 특히 조직이 클수록 당연히 요구되는 되는 리더의 능력은 바로 이 창조적 민첩성이다.

의사결정은 신속하게

비즈니스 리더의 의사 결정은 전략의 출발점이다. 이 결정 하나로 전체 조직의 운명이 결정된다. 현대를 사는 우리 모두에게 간접적으로도 영향을 끼치는 의미 있는 비즈니스 결정이 있었다. 오늘날 대한민국을 반도체 최강국으로 이끈 이병철 회장의 도쿄 선언이 바로 그것이다. 40년 전, 73세의 이병철 회장은 삼성의 모든 것을 걸고 반도체 투자를 결정했으며, 삼성은 10년만에 메모리 반도체 부문에서 세계 1위를 달성했다.

무모한 결정이었을까? 결과적으로 대한민국은 운이 좋았던 것일까? 무엇이 이병철 회장을 그토록 확신하게 만들었을까? 필자가 짐작하는 것은 이병철 회장의 경영 철학에 깃들어 있는 창조적 민첩성이 발동했다고 믿는다. 창조적 민첩성은 의사결정을 수행할 때 있어서 한 부분의 디테일에 함몰되지 않고, 전체를 조망하되 각 요소들의 디테일을 정확하게 파악하는 능력이다. 그것도 대단히 신속하게 이루어져서, 다른 사람들의 눈에는 그 결정이 무모하게 보일 수도 있다.

그의 어록에 다음과 같이 나와 있다.

—— 경영에서 가장 중요한 것은 사전준비와 계획이다.

이 사전 준비와 계획을 이 회장은 아랫사람들에게 지시만 한 것이 아니다. 자신도 몸소 실천했던 것이다. 이병철 회장은 보고서를 좋아했다고 한다. 회장 직속의 비서실에서 경영이나 사업 진출에 대비하여 엄청난 분량의 보고서를 만들었다. 그런데 이 회장은 보고서의 요약을 좋아하지 않았다. 중요한 부분에 밑줄친 보고서도 싫어했다. 자신이 직접 그 보고서를 읽어 보고 판단했다. 보고서의 핵심을 자신의 머릿속에 담고 난 다음, 의문이 가는 부분은 직접 관련자들을 만났다. 무수히 많은 전문가와 관련자를 만나면서, 그 유명한 '경청'을 통해서 보고서 내용을 이해한 핵심을 검토하고 보완했던 것이다. 반도체 사업의 실행 전략은 이렇게 그의 머릿속에

아이디어 1퍼센트의 법칙

서 구체화됐고, 강하게 추진할 수 있었다. 리더의 창조적 민첩성을
이토록 명확하게 발휘한 사람이 또 있을까?

스티브 잡스의 자기화 아이디어

필자가 본 스티브 잡스에 관한 영화는 두 편이다. 2013년에 개봉
한 조슈아 마이클 스턴 감독의 〈잡스〉가 있고, 대니 보일 감독의
영화 〈스티브 잡스〉가 2015년 10월에 개봉됐다. 스티브 잡스가 췌
장암으로 유명을 달리한 때가 2011년 10월이니, 아마 그는 이 두
영화 중에서 어느 것도 보지 못했을 것이다. 그러나 스티브 잡스가
보았다면, 2015년 개봉한 영화가 좀 더 자신을 악랄하게 잘 묘사
했다고 말했을 것 같다.

스티브 잡스의 지시에 따라 개인용 컴퓨터를 개발하는 엔지니어
가 다음과 같이 묻는 장면이 나온다.

—— 당신이 하는 일이 뭔데? 당신은 엔지니어도 아니고, 디자이너도
    아니고. 망치질도 못 하잖아. 회로 기판은 내가 만든 것이고, 그래
    픽 인터페이스는 훔친 거지. 그런데 어떻게 해서 하루에도 열 번씩,
    스티브 잡스는 천재라는 글을 보게 될까? 당신이 하는 일이 뭔데?"

화면상의 처리는 묻고 답하는 연속 영상이지만, 아마 당시 애플에 근무하는 개발자들 대부분의 마음을 대변한 영상일 것이다. 이어서 스티브 잡스가 답을 한다.

─ 연주자들은 자기 악기를 연주하고, 나는 오케스트라를 지휘하지.

제품 개발 과정은 어디나 비슷할 것이다. 개발자들 사이에서 프로젝트를 함께 진행하면서 무수히 많은 아이디어가 오간다. 아무리 아이디어가 많아도 누가 그것을 먼저 말했고, 처음 제안한 사람이 누구인지는 서로가 다 안다. 그런데 모든 좋은 아이디어는 자신이 제안한 거라고 주장하면서 그것을 개발하지 못한다고 아우성친다.

영화에서도 그런 장면이 나온다. 발표 날짜를 정한 후, 원하는 기능을 빨리 구현해라, 오류를 수정하라고 하면서 실제 일을 해야 하는 개발자들을 압박하는 장면들이 있다. 개발 미팅에서 한 이야기나 어떤 곳에서도 우연히 냈던 아이디어도 나중에 보면, 스티브 잡스가 들고 가버리는 것이다. 이쪽에서 들은 이야기를 자기가 생각한 것이라고 주장하면서, 저쪽에 가서 개발하라는 식이다.

왜 이런 일이 발생할까? 싱크로나이즈, 즉 동시에 발생하기 때문이다. 스티브 잡스는 이미 문제에 '락온'이 돼 있다. 머릿속에서는

아이디어 1퍼센트의 법칙

계속 아이디어가 나오며 변형이 되고 있다. 다른 사람의 아이디어들도 인풋이 되면서 전환된다. 스티브 잡스 자신의 아이디어로 '자기화'가 되는 것이다. 그로서는 다른 사람의 아이디어를 카피하는 것이 아니다. 무수히 많은 사례 중에서 쉴 사이 없이 변형되면서 자기 아이디어로 전환되는 과정이다. 많은 증언에 의하면, 그와 함께 일했던 애플의 직원들은 스티브 잡스가 다른 사람의 아이디어를 함부로 가져간 것이라고 기억한다. 과연 그럴까? 아니면 이 천재의 창조적 민첩성을 다른 사람들은 잠시 오해한 것이 아닐까?

'창조적 민첩성'은 아이디어를 실행할 때 좀 더 효과를 발휘한다. 그리고 발현되는 과정이 다르다. 같은 문제이거나, 비슷한 문제에 대한 다른 사람의 생각이나 아이디어가 나(아이디어 발상자)의 아이디어 발현에 기폭제가 된다. 그래서 이 창조적 민첩성은 여러 사람이 함께 공동의 일을 할 때 주로 나타난다. 앞에서 언급한 스티브 잡스의 영화에서도 이 현상을 설명하고 있다.

필자는 이 창조적 민첩성이 탁월한 리더를 직접 만나는 행운을 얻었다. 80년 IBM 역사상 처음으로 외부에서 발탁된 루 거스너(Lou Gerstner) 회장이 바로 그 주인공이다.

코끼리를 춤추게 하라

1993년 IBM은 '쓰러지는 코끼리'로 비유되면서 몰락해가는 중이었다. 이 위기의 IBM을 구하기 위해서 루 거스너라는 사람이 외부에서 전격적으로 기용됐다. 구조조정을 위해 외부에서 '칼잡이'로 소문난 거스너를 회장으로 모실 수밖에 없는 절박한 상황이었다. 이런 사람이 본사의 회장이 됐으니 전 세계 각 나라의 IBM 지사에서는 초비상이었다. 새로 취임한 회장에게 각 나라 상황과 함께 그해의 비즈니스 전략을 브리핑해야 한다. 한국도 비상이 걸렸다. 미국 본사로 한국 사장이 직접 달려가서 회장에게 보고해야 했기 때문이었다.

단 한 페이지의 보고서

브리핑 자료 준비가 어마어마했다. 비즈니스 현황과 전략은 물론이고, 한국 사정에도 어두울 것이므로, 한국의 역사와 문화까지 설명해야 했다. 브리핑 자료만 해도 큰 바인더로 3권은 넘다 보니 수십 명의 임직원이 만사를 제치고 몇 주를 준비했다. 이것을 직접 회장에게 브리핑하기 위해서 당시 한국 사장님은 출장 준비로 여념이 없었다. 그런데 출발 직전 뉴욕주 아몽크에 있는 본사 회장실

아이디어 1퍼센트의 법칙

에서 뜻밖의 긴급 지시 사항이 전달됐다.

"본사 브리핑 취소. 회장 보고는 단 한 페이지의 요약 보고로 대체할 것."

나는 이 이메일의 지시 사항을 도저히 이해할 수 없어서 본사의 회장 비서에게 직접 전화를 걸어서 재차 확인했다. 거듭 확인해주는 말은 'only 1 page'였다. 바인더 3권으로 만든 수백 장의 PPT 파일을 단 한 장으로 요약하라니? 요약하는 것은 수백 장의 보고서를 만드는 것보다도 어려워 보였다. 어쨌든 수십 번의 수정을 거쳐서 단 한 페이지짜리 서술형 보고서가 만들어졌다. 그것으로 한국에 관한 보고가 끝이었다. 한국의 역사와 문화, 비즈니스 환경, 경쟁 상황, 그리고 그해의 비즈니스 전략까지 포함하여 단 한 장으로 요약했다. 출장도 필요 없었고, 사장단의 미팅도 필요 없었다. 바로 한 해 전만 하더라도, 회장 보고를 위해서 몇 번의 출장이 필요했고, 수많은 전략 미팅이 진행됐으며 적어도 두 달은 족히 걸려야 끝날 일을 단 한 페이지의 보고서로 대체했다.

거스너 회장은 단 한 페이지의 보고서를 직접 읽었다. 당시 IBM의 지사가 132개국에 있었으니, 한 페이지씩만 해도 132페이지의 보고서였을 것이다. 거스너는 한 페이지짜리 보고서를 직접 읽었고,

의문이 생기는 부분은 직접 질문을 해왔다. 서술형 보고서가 필요한 이유를 그제야 알았다. 수많은 정보보다는 핵심적인 내용이 필요했고, 서술형 표현은 자신이 이해하면서 스토리로 만들어야 기억하기가 쉬웠던 것이다.

루 거스너의 개혁은 그렇게 시작됐다. 자신이 현장에 가서 고객을 직접 만났고, 현장의 사람을 통해 들었다. 그때까지 전통적 IBM의 모든 장엄한 절차는 사절이었다. 형식적인 보고는 질색했다. 직접 자신이 듣고 본 내용을 바탕으로 그가 전략을 수립했다. 우리는 놀랐다. 그동안 전략은 전략 기획 부서가 세우고, 회장은 그 보고를 듣고 승인하는 것을 당연한 일로 생각하고 있었는데, 그는 달랐다.

―― 전략은 내가 세운다. 그러나 실천은 당신들이 하라.

따지고 보면 맞는 말이다. 전선에 서 있는 사령관이 전략을 세우는 것이지, 사령관을 보좌하는 참모들이 전략을 세우는 것이 아니다. 내가 기억하는 그의 솔직함은 다음의 말에서도 묻어 나왔다. 그는 자기가 컴퓨터나 IT 기술을 잘 모른다는 이야기를 직원들이나 고객들에게나 편하게 말했다.

―― 나는 컴퓨터를 완벽하게 이해하지 못한다. 배우려고 노력은 하겠

아이디어 1퍼센트의 법칙

지만, 통달하리라는 기대는 접어라.

너무도 단순한 비즈니스 모델

해외 오퍼레이션에 대해서 한 페이지 보고서로 대체했던 거스너 회장은 본사의 오퍼레이션도 직접 챙겼다. 당시의 IBM에서는 전통적으로 영업 부서를 중시하는 경향이 있었다. 고객을 직접 접하고, 그들로부터 수익을 창출하는 부서가 영업이니 회사 내부에서도 영업 부서를 중시하는 분위기였다. 신임 회장이나 경영진들이 새로 부임하면 영업 위주의 보고나 미팅이 이뤄진다. 그러나 거스너 회장은 영업을 집행하는 부서뿐만 아니라, 연구소, 개발 부서, 마케팅, 고객 지원 등 빠짐없이 챙기면서 핵심 사항들을 머릿속에 집어넣고 있었다.

마침 통합 시스템 서비스(ISSC)라는 시스템과 네트워크 기술 지원을 주로 하는 자회사도 직접 보고를 받고 있을 때였다. 주요 업무가 무엇인지 살펴보았더니, 컴퓨터 간의 연결을 하는 것이다. 같은 IBM 컴퓨터와의 연결뿐만 아니라, 이 기종 간의 연결도 지원한다. 그 이야기를 듣고 있는 동안 불현듯 몇 년 전의 불쾌한 기억이 그의 머릿속에 떠올랐다. 그가 신용카드 회사의 CEO로 근무하고 있을 때였다. 그 신용카드 회사는 오랫동안 IBM 컴퓨터만을 사용해왔던 아주 중요한 고객이었다. 그런데 처음으로 IBM이 아닌 다른 컴퓨터를 한 대 도입했더니, IBM의 영업 사원이 와서 마구잡이로 통보했다는 것이다.

"이제 경쟁사의 컴퓨터를 들여왔으니, IBM의 모든 지원을 중단하겠습니다."

그때까지 IBM의 기술 지원은 IBM의 하드웨어를 구매하는 고객들에게 무료로 해주고 있었다. 그렇다면 오랫동안 IBM의 고객이었던 회사가 이 기종과의 연결을 요구한다면, "예, 저희가 할 수 있습니다. 그렇지만 고객님, 약간의 비용이 듭니다."라고 말한다면 어떨까? 지난 80년간 하드웨어와 소프트웨어 제품만 팔아왔던 IBM에서 처음으로 서비스를 판매하자는 아이디어가 탄생하는 순간이었다. 너무도 당연하면서도 단순하고 명쾌한 '비즈니스 모델'이었다. 이 새로운 비즈니스 모델을 위해서 새롭게 개발해야 하는 제품도 없고, 채용하고 교육해야 할 인력도 필요 없었다. 현재 있는 인력들을 재배치하고, 그동안 자신의 역량을 발휘하지 못했던 인재들을 적극적으로 활용하기만 하면 된다. 아마 현대 비즈니스 역사를 통틀어서 이 서비스 비즈니스 모델이 최고의 간단한 모델로 꼽힐 것이다.

컴퓨터를 제대로 모르는 사람이 어떻게 컴퓨터 회사를 살리는 전략이나 아이디어를 만들까 걱정이 되기도 했지만, 우리가 컴퓨터 고치는 전문가를 영입한 것이 아닌 것은 분명했다. 오히려 컴퓨터를 잘 모르고, 회사의 사정을 잘 모르는 사람의 관점에서 좋은 아이디어가 생기는 것인가? 당시 회자된 이야기들과 거스너 회장이 IBM을 떠난 이후에 나온 그의 회고록《코끼리를 춤추게 하라 (Who says elephants can't dance?)》를 참고하면, 그의 탁월한 아이디어인 서비스 비즈니스 전략이 어떻게 시작됐는지 알 수 있다.

　구조조정이 필요한 것은 현실이었다. 그러나 구조조정을 한다고 해도 지금 방식으로는 수익이 늘어난다는 보장은 없었다. 업계의 추세가 대형 컴퓨터인 메인프레임에서 벗어나 '클라이언트 서버' 방식의 분산 컴퓨팅 방식으로 급격하게 변화하고 있었다. 메인프레임을 고수해왔던 회사로서는 새로운 방식의 제품들을 제대로 갖추지 못했고, 시장에서 타 경쟁사들의 추격에 밀리는 절박한 상황이었다.

서비스 사업 전략

새로운 사업인데 제품을 새로이 개발할 필요도 없다. 지금까지 해오던 사업이다. 사람이나 조직도 그대로 있다. 바뀌어야 하는 것은 지금까지 공짜로 해왔던 것을, 돈을 받고 해주면 된다. 하드웨어 시스템을 연결하는 일은 아주 간단한 서비스다. 수십 년 동안 산업별로 IBM이 지원하면서 축적됐던, 산업별 핵심 업무의 노하우는 무수히 많았다. IBM이 그때까지 보유하고 있던 솔루션과 컨설팅까지 제공할 수 있는 서비스의 종류와 양은 어마어마하게 많았다. 그뿐만이 아니다. 취임할 때부터 고민거리였던, 전체 IBM을 13개 주요 사업부로 분리해야 살아남을 수 있다는 기본 전략도 획기적으로 바꿀 수 있었다. 왜냐하면 좀 더 세심한 서비스를 제공하기 위해서는 전체 IBM을 분리하는 것보다는 오히려 통합시키는 것이 전략적으로 월등한 이점이 있기 때문이었다. 그리하여 그가 세운 전략은 스피드와 통합으로 요약됐고, 전략을 수립하자 신속하게 실행해나갔다.

구조조정과 새로운 비즈니스 모델이라는 해결 방법이 완전히 혁신적인 것은 아니었다. 이전의 회장이나 경영진들도 필요하다는 것을 알고는 있었지만, 구체적으로 실행 아이디어를 내지 못하고 있었다. 거스너는 모든 것을 직접 검토하고 고민하면서 스스로 확신한 것이었다. 그것을 CEO로서 과감하고 신속하게 밀어붙였다.

전 세계에 걸쳐서 35만 명이나 되는 직원들의 3분의 1을 망설임 없이 해고했다. 그리고 IBM 내부에 존재하던 128명의 CIO를 단 한 명으로 줄였고, 155개의 데이터 센터를 16개로 줄였다. 그때까지 운용하던 31개의 내부 통신망을 단 하나로 묶어버렸고, 21개의

　　　　　　　　　　　아이디어 1퍼센트의 법칙

뉴욕 본부 건물을 다섯 개로 축소했다. 그리고 사업부별 분리 계획을 단숨에 통합으로 변경했다. IBM이 가지고 있던 모든 역량을 묶어서 통합 솔루션과 서비스 사업으로 전 세계의 조직을 바꿔버리고, 사업의 주 수익원을 하드웨어에서 컨설팅과 서비스 사업으로 전환했다. 1993년 80억 달러의 적자를 기록했던 회사는 2000년 80억 달러의 흑자를 기록하면서 회생했다. 무엇보다도 눈에 띄는 실적은 2003년 매출의 48%는 바로 서비스 분야에서 창출된 것이었다.

전설적인 경영자는 많다. 무에서 유를 창조한 기업가도 많다. 이론적으로 혁신적인 경영의 구루들도 많다. 그러나 비즈니스 전략을 직접 세우고 실행하며 무너져가는 기업을 다시 살려낸 경영자는 내가 알기로는 루 거스너와 스티브 잡스뿐이다. 그들의 이런 역량은 어디에서 나왔을까? 내가 기억하는 한, 그들은 탁월한 '창조적 민첩성'을 갖고 있었고, 직접 문제 해결에 뛰어들었던 솔선수범의 리더였다. 지금도 그가 강조했던 말이 귓가에 맴돈다. 내부에서 정치 싸움에 빠져 있던 중역들에게 해주는 통렬한 메시지였다. 우리를 승리하게 해주는 고객이야말로 가장 소중하고, 고객이 원하는 것을 해주면, 시장에서 이길 수 있다는 것을 확신시켜 줬으며, 전 세계 모든 직원을 독려하는 말이었다.

—— 시장에서 승리하라

왜, 그들이 존재하는가?

'실패를 용인한다' 말은 쉽다. 그러나, 이것을 실천하기란 개인이나 조직이나 거의 불가능하다. 이 '실패 용인'을 제대로 해온 조직이 있다. 그것도 50년 넘게. 바로 미국 국방성 소속의 연구 기관인 DARPA(Defense Advanced Research Projects Agency)라는 조직이다. 인터넷이 이곳에서 만들어졌다고도 하고, 적의 레이다에 잡히지 않는 스텔스 전투기 같은 최첨단 무기도 이곳에서 개발됐다고 한다. 우리 생활에 흔히 사용되는 GPS나 애플의 음성 인식 인공지능 SIRI는 물론, 작금의 팬데믹 시대를 헤쳐나오게 해준 mRNA 백신, 요즘 한창 유행되고 있는 자율주행 자동차도 바로 이곳 DARPA에서 비롯됐다고 한다.

아이디어 1퍼센트의 법칙

기술적 혁신을 만들어내는 DARPA

DARPA는 우리로 치면 국방과학 연구소쯤 된다. 1958년 설립됐고, 군사나 일반 산업 분야에서의 혁신적인 기반 기술 개발을 목적으로 한다. 제2차 세계대전 이후에 아이젠하워 대통령 때 만들어졌다. 예전 이름은 ARPA라고 하며 원대한 목표를 가졌다. 주로 과학 기술이나 국방 관계의 기술이겠지만, 지구상의 전 인류에게 기술혁신을 가져올 수 있는 아이디어를 기획하고, 예산을 투입해줘서 그 기술이 상용화될 수 있게 해준다. 우리가 알고 있는 혁신적인 기술의 상당수가 이곳에서 개발됐다. 우주 로켓이나 스텔스 비행기 같은 고도의 정밀 무기는 국방 기술이니 당연한 것 같다. 이곳에서 연구한 결과물이 일반 산업 발전에도 지대한 영향을 미친다. 인터넷. 음성 인식. GPS. 자연어 번역의 인공지능 기술들도 초기에 이곳에서 연구되어 산업계로 퍼져나갔다고 한다.

세계 최강의 나라답게 여유가 많다. 이런 한가해보이는 여유가 아이디어를 생각하게 하고 그 아이디어를 실행시키는 힘이 되는지도 모른다. 여기 소속 연구원들이 일하는 방식을 주의 깊게 살펴볼 필요가 있다. 최근의 DARPA 홈페이지를 참조하면, 약 220명의 상주 직원이 있고, 연간 예산이 약 30억 달러에 달한다. 역시 국방에 관한 연구라 거대한 자본이 투자되는 듯하다. 재미있는 것은 예산에 비하면 자체 연구 인력은 그리 많지 않은 것 같다. 자체 연구 인력도 있지만, 외부의 연구 인력들을 많이 활용한다는 것이다. 주로 새로운 아이디어에 집중하는 듯하다. 이곳에서 근무했던 사람들이 미국 내의 기술 산업계로 많이 배출돼서 일하기도 한다.

즉, 실행 가능성이 큰 혁신적 아이디어를 가진 사람들을 흡수했다가 새로운 인재들로 자주 교체하면서, 아이디어 발상에 중점을 둔다는 말이다. 구글에서 기계 번역팀을 이끄는 프란츠 요세프 오크(Franz Josef Och) 같은 인물이 좋은 사례가 된다. 프란츠는 독일 태생이고 애를랑겐대학교에서 컴퓨터 공학을 공부했으며, 아헨공과대학교에서 기계 지능 박사 학위를 받았다. DARPA를 통해서 미국으로 들어왔고, 이 인물을 구글의 설립자인 래리 페이지가 직접 접촉하여 구글의 기계 번역팀의 수장으로 모셔갔다고 한다. DARPA는 그만큼 하이텍 인재들 사이에서는 믿음이 가는 조직이고, 또한 DARPA에서 일했다는 것은 산업계에서 안심하고 신뢰할 수 있는 능력을 보유하고 있다는 징표가 된다.

그런데 내가 눈여겨보는 것이 바로 이곳에서 일하는 색다른 직종의 인력들이다. 220명의 직원 중에서 프로그램 매니저라는 직종을 가진 사람들이 무려 100여 명이다. 이들 프로그램 매니저들이 약 250개에 달하는 R&D 프로젝트를 관리한다. 프로그램 매니저는 우리에게는 잘 알려지지 않은 직종이다. 예산은 많이 받는데, 실제 인력을 가지고 있지는 않다. 조직에서의 직접적인 매출이나 이익 창출에 별로 관여하지도 않는다. 필자도 오랫동안 미국 기업에 근무하면서도 이 프로그램 매니저의 역할을 잘 몰랐다.

프로그램 매니저의 역할

내가 근무하던 외국계 컴퓨터 회사에는 묘한 직책이 있었다. 바로 '프로그램 매니저'였다. 그 당시, 우리는 프로그램 매니저가 어떤 업무를 하는지 잘 알지 못했다. 회사에서는 보통 본부마다 한두 명 정도의 프로그램 매니저를 두게 했다. 본부에는 약 100명의 인원이 있었다. 이 프로그램 매니저로 임명이 되는 사람은 대개 승진에서 빠진 사람들이었다. 그래서 우리는 정식 매니저(부장 또는 팀장)가 되지 못한 사람들에게 체면 유지를 위해서 매니저라는 타이틀을 붙이되, 정식 매니저와 구분하기 위해서 앞에 '프로그램'이라는 이상한 이름을 붙인다고 생각했다. 본사에서는 원하는 의도가 있었겠지만, 당시 한국의 직원들은 그것을 제대로 이해하지 못했다. 프로그램 매니저가 중대한 업무를 맡고 있거나 급하게 처리해야 할 일도 없어 보여서 우리는 별로 바쁘지 않아 보이는 프로그램 매니저에게 딱 맞는 임무를 부여했다. 본부 단위의 오퍼레이션에서 정기적으로 시행하는 야유회 행사 준비를 맡겼다. 그때 한국지사 직원들의 눈에는 이 프로그램 매니저라는 직책이 한국 회사의 총

무부장 정도로 보였다.

DARPA의 로봇 경진 대회를 보면서 새삼 그 옛날의 프로그램 매니저가 기억났다. '프로그램 매니저'의 '프로그램'은 단순한 것이 아니다. 이 '프로그램'이야말로 '아이디어 기획'에 해당하는 핵심적인 일이다. 자신이 속한 조직의 미션과 외부 환경을 제대로 파악하여 합당한 기획 프로그램의 아이디어를 만들어내는 사람이 바로 프로그램 매니저다. 이들은 프로그램을 기획해서 예산 배정을 받아내고, 그것에 따라 시행되는지 관리하고 감독한다. 이 프로그램 매니저가 갖춰야 할 가장 중요한 능력은 아이디어 창출이다. 동시에 혁신적인 아이디어 실행이 이뤄지도록 디테일을 기획하는 능력도 있어야 한다. 아이디어 발상과 실행을 기획해내는 능력을 제대로 발휘하는 사람이다.

우리나라에서 흔히 말하는 전략기획실 같은 조직인데, 더욱 감탄할 만한 일은 라인 조직에 속해 있되, 직접적인 라인의 조직 구조에서 벗어나게 했다는 것이다. 조직의 직접적인 운영에서 벗어나게 해줘서 제대로 객관적인 관점에서 아이디어가 나오게 만들었다. 그렇다고 완전히 별도의 조직으로 운영하지도 않는다. 해당 조직에서 벗어나 다른 조직에 속하게 되면, 조직의 목적에 부합하는 아이디어에 집중할 수 없다. 얼마나 현명한 조직 관리인가? 혼자서 뛰는 것도 재미있다. 아이디어는 여러 사람이 논쟁한다고 나오는 것이 아니라고 보았다. 한 사람이라도 제대로 여유를 가지고, 지속해서 관여하게 했다. 필자는 DARPA를 모르지만, 그곳에서 시행했던 한 프로젝트(세계 재난로봇 경진대회)를 지켜보면서, DARPA의 프로그램 매니저 역할이 얼마나 지대한지 확신할 수 있었다. 필자는 세계 재난로봇 경진대회에 한국의 대표로 참여했던 사람으로부터 자세한 이야기를 들을 수 있었다.

세계 재난로봇 경진대회(The DARPA Robotic Challenge)

2011년 3월 11일 일본 후쿠시마에서 일어난 최악의 원전 사태를 기억할 것이다. TV 뉴스 시간 때마다 보도되는 내용을 보면서 그 위험한 재난 지역에 사람이 직접 투입되어 활동하는 것은 거의 불가능하게 보였다. 이런 때 로봇이 투입되어 사람 대신 일을 할 수 있다면 정말 좋겠다는 생각을 했다. 미국의 DARPA에서도 비슷한 생각을 했던 모양이다. 그래서 만들어진 프로그램이 바로 DRC(DARPA Robotics Challenge)이다.

'세계 재난로봇 경진대회'로 불리는 이 대회는 정말 정교하게 기획됐다. 재난 시 사용되는 로봇 기술을 향상하기 위한 것이 제1의 목표다. 우선 전 세계의 각 나라에서 로봇 연구에 앞서 있는 나라의 대학을 중심으로 팀을 선발했다. DARPA가 미국 국방성 소속의 연구 기관이라 의도적으로 미국의 우방들에 한정시켰다. 미국의 적국으로 간주하는 러시아나 중국의 대학들은 제외한 것이다. 총 선발된 팀은 24개 팀이다. 미국이 12개 팀. 일본 5팀. 독일 2팀. 이탈리아 1팀. 홍콩 1팀이 참여했고, 우리나라에서는 KAIST, 서울대팀과 '로보틱스'라는 벤처 기업 세 개 팀이 참여했다.

선발된 팀에는 미리 충분한 개발 자금을 지급하고, 과제를 통보했다. 재난 시 로봇이 반드시 행해야 할 행동들이 과제였다. 우선 운전이다. 로봇이 뛰어갈 수도 있지만, 차를 타고 재난 현장에 진입하는 것이 효과적이다. 그래서 로봇이 차를 운전하는 과제가 제일 첫 번째 관문이다. 그 다음 과제가 좀 의아했다. 차에서 내리는 것이 과제다. 그것이 뭐가 어렵나 생각할지 몰라도, 사람처럼 관절이 부드럽지 않은 로봇에게는 아주 어려운 과제다. 힘의 조절이 고난도다. 그 다음은 문을 열고 밸브를 잠그는 과제다. 드릴을 사용하여 벽을 부순 다음 통과한다. 다음은 서프라이즈 과제가 주어지고, 콘크리트 파편 사이를 걸어서 통과한 다음에는 계단을 올라가는 것이 마지막 과제다. 이 8개의 과제를 다 통과하는 시간을 측정하여 가장 빨리 과제를 완수하는 팀이 우승하는 대회다.

과제를 부여한 후 수년간에 걸친 연구 이후에, 드디어 2015년 6월 5일~6일 이틀간 대회가 열렸다. 결과는 놀랍게도 대한민국의 KAIST팀이 1등을 했고, 최다 팀이 참여한 미국이 2, 3등을 했다.

참으로 장한 일을 우리 젊은이들이 해낸 것이다. 그러나 우승 당시 한국은 메르스 사태로 온 나라가 정신이 없어서 이 우승이 제대로 보도되지도 않았다. 오히려 자국의 우승을 바랐던 미국은 KAIST 의 오준호 교수를 백악관으로 초청하여 아쉬움을 달랬다. 미국은 NASA팀과 세계적인 로봇기업을 포함한 12개 팀이 참석하고도 한 국팀에게 우승을 놓쳐서 대단히 아쉬워했다고 한다. 얼마나 아쉬 웠으면, 세계적인 대기업인 구글이 어마어마한 투자를 해서, 그들 의 자회사인 보스톤다이나믹스로 하여금 2족 보행 로봇인 아틀라 스 연구를 집중해서 시행하게 했다고 한다. 그 뒤 약 6개월 뒤에 공개된 동영상에서 균형을 제대로 잡고 걸어가는 로봇 아틀라스 를 볼 수 있다.

세계 재난로봇 경진대회 우승자로서 2016년 다보스 포럼에 초청 된 오준호 교수는 다음과 같은 비유를 들며 겸손한 태도로 강연에 임했다.

─ 김연아 선수가 피겨에서 금메달을 땄다고, 한국이 빙상 스포츠 강국은 아닙니다.

재난 현장에 적용될 수 있는 2족 보행이면서 균형을 잘 잡는 로봇 기술을 보유하는 것이 목표였다. 그 기술을 미국과 미국의 우방들이 가지면 되는 것이다. 그래서 이 프로그램의 매니저는 수년 전부터 그렇게 기획한 것이다. DARPA의 프로그램 매니저의 아이디어대로 우리는 재난 현장에 파견돼서 임무를 제대로 완수할 수 있는 로봇 기술을 보유하게 됐다. 또 하나의 기술 혁신이 아이디어에서 시작하여 현실이 됐다. DARPA의 재정적이고 심리적인 여유가 세계로 하여금 재난 현장에서 인간을 구조할 수 있는 로봇의 투입을 가능하게 만들고 있다. 다른 혁신적인 기술들이 DARPA를 통하여 실용화됐듯이, 머지않아 여기서 비롯된 다양한 로봇들이 지구의 재난 현장뿐 아니라, 우주의 곳곳에서 재난 구호의 임무를 성실히 수행할 것이다.

DARPA의 여유

DARPA에서는 프로그램을 기획할 때, 거의 완성된 기술이나 성공 가능성이 큰 것을 목표로 하지 않는다. 시작부터 험하고 어려운 길만 선택해서 나간다. 이곳에서 연구 과제로 선정하는 기준이 바로 'Hard-Niche'다. '어렵지만 꼭 필요한'이란 의미로 번역할 수 있을 텐데, 우선 Niche는 일반적이지 않은, '흔하지 않은 그렇지만 꼭 집어내는, 필요성이 있는'이란 뜻이다. 흔하게 '니치 마켓'이라고 할 때의 그 니치다. 문제는 'Hard'인데, 과제의 성격을 지칭하

아이디어 1퍼센트의 법칙

는 것이니 '쉽지 않은'이란 의미다. 과제 또는 그 과제를 수행하는 프로젝트가 쉽지 않다고 하는 것은 성공하기가 어렵다는 뜻이다. '실패하기 쉬운'과 '꼭 필요한'의 의미를 담고 있는 과제이니, 실패하기 쉬우나, 꼭 필요한 과제를 선정한다는 것이다.

여기에 미국이라는 나라의 여유가 있다. 그런 과제 수행을 나랏돈으로 국가가 책임지고 하겠다는 것이 DARPA의 설립 목적이다. 실패하기 쉬운 과제를 대학이나 기업들에 맡기지 않는다는 것이다. 왜냐하면 대학이든 기업이든 민간 조직들이 실패할 때는 그 프로젝트나 조직이 지속하기 어렵다. 누구에게나 실패는 힘든 것이고 피해를 입는다. 그런 일을 국민 세금으로 국가 기관이 도맡아서 수행하자는 것이다. 진정 국가가 국민을 위해 무슨 일을 하는지 느낄 수 있다. 국민이나 민간 조직에 꼭 필요한 일이지만, 실패 가능성이 커서 감히 시도하지 못하는 일을 국가가 선별한다. 그리고 국가가 국민이나 자국 기업을 위해서 실패도 하고, 이 실패나 성공을 통하여 개발된 기술과 인력을 민간 기업들에게 제공해주는 것이다.

Hard-Niche의 특징

과제 선정의 책임과 권한은 프로그램 매니저에게 있다. 그 프로그램 매니저가 과제 선정 시에 따라야 하는 매뉴얼에 정의된 Hard-Niche의 특징을 살펴보자.

1. 도전하는 문제가 크고 어려울수록(High Risk), 성공에 대한 큰 보상(High Payoff)
2. 혁신 아이디어 (Innovation idea)
3. 기초연구와 실용화 격차를 줄인 과제 선정(Bridging the Gap Between Fundamental Research and Short-term Use)

위험이 크지만 성공만 하면 성과가 어마어마한 과제를 선정한다. 만만하지 않고 성공할 확률이 극히 낮지만, 그 결과가 매우 큰 것이 아니면 대상으로 삼지 말라는 뜻이다. 그리고 철저하게 혁신적인 아이디어에 기반한 과제를 골라야 한다. 혁신적이라고 하면 한 번도 시도된 적이 없는, 그야말로 상상 속에서나 해보는 것이 아이디어다. 철저하게 그런 아이디어 중심 사고를 통해 나온 과제를 골라야 한다. 그러면서도 조만간 실용화할 수 있게, 기초 연구를 기반으로 하되 산업화가 가능한 과제를 선정해야 한다. 이 세 가지 요건에 맞춰서 과제를 검토하는 작업부터 시행까지 프로그램 매니저가 관여한다.

평균적으로 프로그램 매니저의 임기가 3~5년 사이인 것을 고려하면, 보통 과제가 시작에서 결과를 보고, 민간에게 이양되는 것이

아이디어 1퍼센트의 법칙

4~5년 정도 걸린다. 기술적인 연구에서 가장 중요한 것이 지적 재산권이다. DARPA에서는 선정된 과제 수행의 모든 비용을 지급하지만, 결과는 연구에 참여한 대학들이나 기업에 아무 조건 없이 넘겨줘서, 그들이 그것을 기반으로 사업화 할 수 있게 한다. 이것도 진짜 부러운 DARPA의 여유다.

조직 전략

실패는 어느 조직에서나 막대한 피해를 준다. 만약 실패를 거듭한다면 아무리 그것이 국가 기관이라도 그 조직이 생존할 수 없다. 실패하는 조직은 없애거나 스스로 사라질 수밖에 없다. 그렇다면 DARPA처럼 대학이나 기업이 실패할 일을 대신 떠맡아서 실패하겠다는 조직이 생존할 수 있는 이유는 무엇일까? 그것도 50년을 넘게 미국뿐 아니라 전 세계에 혁혁한 기술적 공헌을 하면서 유지되는 비결이 무엇일까?

민첩하고 유연한 조직 전략을 마련하고 있다는 것인데, 이 전략의 핵심은 바로 DARPA 자체에 인적 자원을 두지 않는 것이다. 역설적으로 들릴 텐데, DARPA는 실패의 가능성이 많은 기술적 연구를 하는 곳이다. 그런데 그 연구를 하는 인적 자원을 내부에 두지 않고, 조직 밖에 두는 것이다. 즉, DARPA에는 프로그램 매니저만 두고, 예산은 확보하되 대학이나 기업 연구 인력들을 활용한다. 얼마나 현실적인 아이디어인가!

DARPA 운영의 핵심은 말할 것도 없이 프로그램 매니저다. 그것은 이들의 홈페이지를 찾아가 보면 즉시 파악할 수 있다. 인터넷에서 'DARPA'라고 입력하면, 웹사이트(https://www.darpa.mil/)가 연결된다. 첫 화면은 제목과 뉴스 아이콘이 크게 나와 있고, 바로 엔터 키를 누르면 뜨는 첫 화면의 'About Us'에 들어가면, 이 조직의 소개가 나온다. 그 흔한 이 연구소 소장의 인사말도 없다. 한 페이지 분량의 소개에서 DARPA의 미션을 간략하게 설명하고, 나머지 3분의 2페이지를 프로그램 매니저에 관한 내용 설명에 할애하고 있다.

이 홈페이지에 의하면, 프로그램 매니저는 학계, 기업이나 정부기관의 해당 분야에서 리더의 위치에 있는 사람들을 스카우트한다. 비교적 짧은 기간 내에 연구 성과를 내게 하는 것이 오히려 역동성을 갖게 만든다고 한다. 250여 개의 진행되는 프로젝트가 있고, 2022년의 예산은 38억 달러였으며, 2023년에는 42억 달러를 신청하고 있다.

조직 구조도 프로그램 매니저를 중심으로 간략하게 구성돼 있다. 연구소장 또는 국장이라고 불리는 디렉터가 이 조직의 원장이고, 6개 부서의 책임자인 오피스 디렉터가 있다. 조직 구조상 이 부서장

밑에 프로그램 매니저가 있다. 그런데 부서장의 주요 임무는 프로그램 매니저를 발탁하고, 프로그램 매니저를 지원하는 일이다.

얼마나 프로그램 매니저의 역할을 중시하는지 엿볼 수 있는 또 하나의 조직 구조가 있다. 각 프로그램 매니저 한 사람마다 지원 담당자(special assistant) 한 명을 붙여주고 있다. 이들이 재무, 회계, 법률, 홍보 등의 전문 서비스 부서와 협조하고, 프로그램 매니저가 프로젝트에 전념할 수 있도록 모든 일을 지원한다. 이것은 마치 대기업의 사장에게 전담 비서를 붙여주는 것과 맞먹는 효과가 있다. 우리나라에서는 흔하지 않지만, 미국이나 일본의 대기업들에는 전통적으로 업무 전반에서 경험이 많은 지원 비서를 할당한다. 이들은 CEO의 업무를 가까운 거리에서 지원하며 동시에 미래의 CEO로서의 역량을 훈련 받는 것이다. 큰 조직에서 훈련받은 100명의 전문요원들을 선발하여 100여 명의 프로그램 매니저마다 전담 지원 담당자로 할당한다는 건 그만큼 프로그램 매니저의 역할을 중시하고, 이들의 지원에 예산을 아끼지 않는다는 것이다.

이처럼 DARPA의 핵심 조직은 프로그램 매니저들이다. 이들이 학계와 기업과 연구소의 인력들과 새로운 이슈들을 검토하여 미래를 바꿀 만한 혁신적인 과제를 발굴하고 해당 프로젝트를 수행한다. 3년 또는 5년간 DARPA의 역할이 다했다고 판단되면 그 프로젝트는 성공이든 실패이든 종결한다. 종결된 프로젝트는 국가의 다른 기관이나 기업으로 넘겨져서 실용화되든지, 아니면 일정 기간 보관했다가 폐기한다. 원래의 DARPA의 목적인 아이디어 기반의 혁신적인 과제에 충실히 대응하고, 미래를 향해서 계속 나아가는 저력이 지난 60여 년간 이 조직을 건실하게 유지해왔다. 프로그램 매니저들은 임시 계약직이다. 자신의 열정을 다해서 프로젝트를 시행해보고, 이후는 기업이나 다른 기관으로 이동하여 DARPA에서의 경험과 인맥을 활용한다.

아이디어 1퍼센트의 법칙

PART 3

무엇을
준비할 것인가

세상의 변화와 약간의 행운

그 해 나는 컴퓨터 회사에 입사하여 눈코 뜰 사이 없이 바빴던 신입의 과정도 무사히 겪었고, 전공도 아닌 컴퓨터 분야에서 제법 나름대로 자리를 잡을 수 있었다. 우리 부서는 시스템 소프트웨어의 기술 지원을 하는 부서라서 대부분이 컴퓨터 공학을 전공한 사람들이 모여 있었다. 단 두 사람, 나와 입사 동기인 J만 비전공자였다. 더구나 J는 정치학을 전공했던 비 이공 계열이었지만, 컴퓨터 회사에 입사하기 위해서 1년 동안 대학의 컴퓨터 전공과목을 모조리 도강했다는 전설 같은 인물이었다.

당시 회사는 1년 동안 신입 사원들을 교육했다. 컴퓨터의 작동 원리부터 데이터베이스와 온라인 업무의 디자인 같은 기술 교육이 중심이었다. 매일 강의와 실습이 계속되고, 매주 월요일 시행되는 테스트를 통해서 철저한 평가가 이어지는 지옥 훈련이었다. 그 지옥 훈련의 총평가에서 J는 타의 추종을 불허하는 1등이었다.

J가 열심히 보던 책이 있었다. 앨빈 토플러(Alvin Toffler)의 《제3의 물결(The Third wave)》이었다. 정치가를 꿈꾸면서 대학에 입학했던 J의 인생 행로를 바꾸게 한 책이라고 했다. J는 입사 전에도 그 책을 10번은 읽었고, 신입사원 연수 틈틈이 자신의 의지가 약해질 때면, 그 책을 펼쳐들었다. 원서는 1980년에 출간됐지만, 내가 산 책은 그 후에 한글로 번역된 것이었다. 지금도 기억한다. 그 책의 서문에서 유난히 눈에 확 들어오는 구절이 있었다.

―― 변화에 적응하지 않으면 살아남지 못한다. 그러나 변화에 대한 통찰력과 약간의 행운을 가진다면 엄청난 풍요를 누린다.

당시 젊은 나에게 엄청난 충격을 줬지만, 수십 년이 지난 요즘에도 이 말은 또 다른 의미로 다가온다. '변화에 대한 통찰력'이라는 말은 그때나 지금이나 비슷한 의미가 있지만, '약간의 행운'이라는 말의 의미를 당시에는 잘 이해하지 못했다. 숱한 세월을 살아오면서, '시대가 필요로 하는 능력을 갖출 기회를 가지는 행운'이라는 말로 대체해보기도 했고, '스스로 벤처 기업을 창업하는 기회를 가지는 행운'으로 생각해보기도 했다.

달밤에 모이는 사람들

별것 아닌 것 같은데, 결과적으로 대단한 일을 해내는 모임이 있다. 친구끼리 또 친구의 친구들이 모여서 저녁 한 번 먹자는 모임이 특별할 것은 없다. 지금 소개하고자 하는 이 모임의 시작은 특별하지 않았지만, 18세기 융합 연구 모임의 최고봉이 됐다.

1760년대 후반, 영국 버밍엄(Birmingham) 교외의 한 저택에서는 매달 보름달이 뜨는 밤이면 남자들의 모임이 있었다고 한다. 루나 소사이어티(Lunar Society)라는 모임의 이름은 한 번 모이면 밤이 깊어지는 줄 모르고 토론했기 때문에 안전하게 집에 돌아갈 수 있도록 보름달이 뜨는 날에 만나면서 붙여졌다고 한다. 작가, 의사, 발명가로 활동한 에라스무스 다윈(Erasmus Darwin)에 의해 이 모임이 결성됐다. 이 사람은 우리가 잘 알고 있는 '진화론'의 주인공 찰스 다윈의 할아버지다.

이 모임을 주도한 또 다른 사람은 기업인 매튜 볼턴(Matthew Boulton)이다. 공부를 많이 한 다윈과 달리 볼턴은 지금의 중학교에 해당하는 학교 교육만 받았고, 부친이 하는 금속 세공업에 흥미가 있어서, 21세 때부터 부친의 금속 세공업에 종사했다. 엔지니어적인 소양이 다분했던 볼턴은 자신이 직접 금속 세공도 해봤을 것이다. 젊은 나이에 공부를 마다하고 가업에 뛰어든 것을 보면 무엇

아이디어 1퍼센트의 법칙

보다 자신이 하는 일에 확신을 가진 사람이었을 것 같다. 어쩌면 당시의 학문이 가지는 편협함, 말장난 같은 이론만 늘어놓았지 현실적으로는 나이프 하나 제대로 만들지 못하는 것을 한심하게 여기는 현실적인 실용주의자였을 가능성이 크다. 다윈이 이론적이라면 볼턴은 실용적인, 그러면서도 각자의 생각에 깊이가 있는 사람들이니 서로 묘하게 보완됐다.

'신경제'의 출현을 예감하다

공통의 관심사나 목적이 없다면 모임 자체가 지속하기 힘들다. 이 모임에는 다양한 직업과 전공을 가진 사람들이 모였다. 모임의 멤버로는 증기기관을 발명한 제임스 와트(James Watt), 산소를 발견한 화학자인 조셉 프리스틀리(Joseph Priestley), 도자기 사업가인 조사이어 웨지우드(Josiah Wedgwood), 기업가이면서 부자인 매튜 볼턴 등이 있었다.

주로 과학에 관심이 많은 사람이 새로운 과학이나 기술의 발견을 이야기했을 것이고, 이를 바탕으로 당대의 생산 방식이나 에너지 원료의 변화, 교통수단의 변화를 예상하는 것은 어렵지 않았다. 자연스럽게 당시로서는 혁신적인 새로운 경제 시스템의 출현을 예감했을 것이다. 전통 경제와는 전혀 다른 신경제가 출현한다면,

부의 창출이나 축적 방식도 달라진다. 자연히 이들의 공통 관심사가 이 새로운 경제 속에서 돈을 벌어보자는 실용적인 목적으로 흘러갔다. 황당한 것이 아니다. 적어도 당대에서는 알아주는 과학과 기술을 이용하여 부를 축적하고자 하는 것이다. 개인의 부에서 나아가 무엇이 국가를 부유하게 하는지에 대한 당대 최고의 통찰을 기술한《국부론》을 썼던 애덤 스미스(Adam Smith)도 이 모임의 멤버였다.

그들의 다이아몬드 광산

시대가 필요로 하는 것이 있다. 기술적 · 경제적 · 사회적 흐름이 한곳으로 몰리면서 필연적으로 요구될 수밖에 없는 수요가 있다. 어느 시점에서 요구되는 모든 조건이 순식간에 갖춰지면서, 그 수요가 폭발한다. 모든 사람의 눈에 그것이 보이는 것은 아니다. 다른 사람들은 아직 그 흐름을 감지하지 못할 때, 변화에 대한 통찰을 가진 사람들의 눈에는 그 흐름이 보인다. 그것이 그들의 '다이아몬드 광산'이다. 아직 다른 사람들의 눈에는 보이지 않으니, 도둑맞을 염려가 없는 안전한 다이아몬드 광산이다.

1700년대 말, 루나 소사이어티 멤버들이 달빛 속에서 이야기꽃을

피웠던 것은 다이아몬드 광산이 그들의 눈에만 보였기 때문이다. 당시의 가장 귀중한 생산품은 면직과 철강이었다. 방적기가 있었으나 수작업이었고, 철강 생산을 위해서는 당시의 강력한 에너지원인 석탄 채굴의 문제가 중요했다. 증기기관의 존재는 이미 있었지만, 이를 혁신적으로 개선하는 새로운 증기기관의 출현이 필요했다.

매튜 볼턴은 제임스 와트를 발굴해서 연구실을 만들어주고, 루나 소사이어티에도 같이 참석하게 만들었다. 제임스 와트는 분리 응축기라는 아이디어로 생산성을 4배로 향상했고, 당대 최고의 금속 세공업자를 붙여서 정밀한 실린더와 피스톤을 만들어냈다. 이를 통해 무려 10여 배의 생산성 향상을 이뤘다.

이 증기기관을 방적기에 붙이면서 면직 생산의 방식이 수공업에서 대량 생산으로 바뀌게 됐고, 이것을 석탄 광산에 이용하면서 석탄 채굴량이 급증하게 된다. 석탄 채굴량이 늘어나면서 영국의 철강 산업도 발전한다. 그 이전까지 러시아와 스웨덴의 철강 생산에 의존하던 영국은 세계 최고의 철강 생산국이 되면서 훗날 역사에서 '제1차 산업혁명'으로 명명되는 사회적·경제적 변화의 소용돌이로 진입한다.

제임스 와트와 볼턴은 1775년, 요즘 식의 벤처 투자 회사인 볼턴&와트를 설립하고, 그들의 개량된 증기기관을 생산한다. 이 증기기관을 석탄 채굴업자들에게 빌려주고, 사용료를 받았다. 그 방식도 당시로서는 참으로 희한한 것이었다. 즉, 이 새 증기기관을 이용하여 채굴한 석탄량과 이전 기계에서의 채굴량을 비교해서, 그 차이의 3분의 1을 사용료로 징수한 것이다. 이때 생산된 증기기관이 500여 대였다고 하니, 이들이 벌어들인 부가 당시로서는 어마어마했을 것으로 보인다.

볼턴은 증기기관과 산업혁명에서 와트 이상의 역할을 해냈다. 볼턴은 자금을 대는 동업자일 뿐 아니라 기술 개량과 판로 개척, 특허 연장에 이르기까지 와트 증기기관의 모든 것에 영향을 미쳤다. 볼턴은 1772년 특허권의 3분의 2를 1,200파운드에 매입하고는 특허 연장에 온 힘을 쏟았다. 와트가 14년을 받았던 특허 시한을 17년 연장해 31년으로 늘렸다. 그야말로 자신들의 다이아몬드 광산에서 다이아몬드를 몽땅 캐낸 셈이다.

인터넷 광풍의 역사

엘빈 토플러가 어렴풋이 감지했던 세상은《제3의 물결》이 출간된 지 10여 년이 지나면서, 획기적인 전기를 맞이하게 된다. 막연하기만 하던 '제3의 물결'이 구체적으로 구현될 수 있는 기술적 기반이 만들어지면서 드디어 온 세계는 '정보화 사회'로 진입하기

아이디어 1퍼센트의 법칙

시작한다.

1990년 12월 20일, 영국의 컴퓨터 엔지니어 팀 버너스 리(Tim Berners-Lee)가 컴퓨터 역사상 가장 위대한 자신의 아이디어를 발표했다. 통신 규약을 따르고, HTML로 작성된 문서를 특정 프로그램을 통해서 읽을 수 있게 만드는 '월드 와이드 웹(World Wide Web)'의 공개였다. 이 프로그램을 통해서 인터넷에 연결된 모든 정보를, 누구나 어디서나 언제든지 활용할 수 있게 됐다. 그야말로 평등한 정보 공유를 실현할 수 있는 실제적인 방법이 제시된 것이다. 더구나 이와 관련된 모든 프로그램을 특허권으로 독점하지 않고 '퍼블릭 도메인'으로 발표한 것이다.

이 WWW 발표는 그동안 공공의 목적이나 군사적 목적으로만 이용되던 인터넷에 민간 기업의 자유로운 참여를 촉발했다. 그리하여 상업적 목적의 서비스가 추가되면서 콘텐츠 양과 사용자 수가 폭발적으로 증가하게 된다. 인터넷은 유선이든 무선이든 광케이블이든 지구 전체가 연결되면서 그야말로 지구 전체의 네트워크가 됐다.

그들이 바꾸는 세상

세상의 변화가 은밀하게 진행될 때는 그 변화의 조짐을 알아차리는 사람들이 많지 않다. 그럴 경우, 변화의 조짐을 안다는 것만으로도 상대적으로 굉장한 혜택을 누리는 것이다. 그런데 세상의 변화가 너무도 빠르고 확실하다면 사람들이 대부분 그 변화를 알아차린다. 저기 저만치에 다이아몬드 광산이 보이는 것이다. 너무도 뚜렷하게 보이는 그 다이아몬드 광산을 향해서 달려나간다. 이러면 과연 누가 그 다이아몬드 광산을 차지하는 것일까? 그 변화하는 세상에서 필요한 능력을 갖춘 사람들이 다이아몬드 광산을 차지할 확률이 가장 높다.

새로운 인터넷 수요의 폭발적 성장 속에서 많은 사람이 그들의 다이아몬드 광산을 생각하고 있었다. 대학을 막 졸업한 맥스 레브친(Max Levchin)도 그중 한 사람이었다. 그는 1975년생으로 컴퓨터 프로그래밍을 공부했고, 보안 기술에 관심이 많았다. 비즈니스 아이디어도 많아서 학부 시절에 3번이나 창업을 시도했었다. 순전히 자신의 소프트웨어 코딩 기술만 믿고 시작했던 사업이었는데, 이때는 그 사업이 성공하지 못했다.

대학교 졸업 후, 피터 틸을 만나서 컨피니티(Confinity, 페이팔의 전신)라는 회사를 만들었을 때, 엔지니어(소프트웨어 코딩하는 프로그래머)를 만나고 면접하며 뽑는 일은 전부 맥스 레브친이 담당했다. 피터 틸은 철학을 전공했으니 기술 분야에 대해 아무것도 아는 것이 없었을 듯하다. 맥스가 채용한 직원들이 페이팔 이후에 유튜브를 창업한 스티브 챈(Steve Chen), 그리고, 내가 지금도 가장 많이 이용하는 옐프(Yelp)를 창업한 제러미 스토플먼(Jeremy Stoppelman) 등인 것을 보면, 제대로 코딩할 줄 아는 친구들을 뽑았다. 그들을 알아보는 안목이 있다는 것은 맥스 스스로가 코딩 실력만큼은 보통 이상은 된다는 의미다.

창업을 함께한 것은 아니지만, 나중에 페이팔로 서로의 회사를 합병한 그 유명한 일론 머스크가 있다. 또 다른 창업 멤버는 바로 스티브 챈이다. 아마 페이팔에 처음 관여했던 사람들 중 가장 나이가 어릴 것이다. 초등학교 때부터 코딩을 시작했고, 대학에서는 컴퓨터 공학을 전공한다. 1999년 가을, 미처 대학을 졸업하기도 전에 페이팔에 입사하여, 거의 침식을 잊고 맥스 레브친과 함께 페이팔 시스템을 만들었다. 이들이 만들어낸 이메일 방식의 송금 시스템은 인터넷을 이용한 폭발적인 거래 시스템에 적용되면서, 모르는 사람끼리의 온라인 송금의 기본이 됐다. 창업한 지 4년 만에 이들은 회사를 팔아넘기면서 돈방석에 앉는다. 이후 이들은 각자의 분야에서 새로운 기업을 창업하여 지난 20여 년간 실리콘밸리의 역사를 만들어냈고, 자신의 기업들을 M&A 시키면서 인류 역사상 가장 큰 경제적 부를 창출한 억만장자들이 됐다.

페이팔 창업 멤버들은 바쁜 시간을 쪼개어 일주일에 한 번꼴로 모여 서로의 아이디어에 대해 토론을 거듭했으며, 논의한 아이디어가 좋으면 즉석에서 투자를 결정해 지원했다고 한다. 이렇듯 페이팔 문화의 특징은 속전속결의 '기민함'에 있었던 것이다. 일단 먼저 추진하고, 시장의 반응을 보며 민첩하게 대응함으로써 성과를 이끌어냈다. 완벽하게 준비하고 시작하면 때를 놓칠 수 있기 때문이다. 이렇게 끈끈한 조직력을 보이자 경제 전문지 〈포천〉은 페이팔 창업 멤버들을 조명하면서 이들을 '페이팔 마피아'라고 불렀다고 한다. 서로 도와 밀어주고 당겨주는 끈끈한 결속력이 마치 마피아 같기 때문이었다.

미국에서만 이 시대의 행운아가 있었던 것은 아니다. 우리나라에도 혁신적인 기업가들이 많이 있다. 세계 최초의 온라인 게임인 '바람의 나라' 개발자이자 한국 최고의 게임 회사를 이루어낸 넥슨의 김정주 회장, NC 소프트의 김택진 회장, 네이버의 창업자 이해진 회장, 한게임의 신화를 창조하고 카카오톡을 만들어낸 김범수 회장, 이들 한국의 디지털 기업 4인방들도 시대의 행운아였다. 그들은 비슷한 나이로 그들의 어린 시절에 한국에도 개인용 컴퓨터가 소개됐고, 그 컴퓨터로 하던 게임에 흥미를 느껴서 게임을 만들고자 했던 소년들이었다. 그들이 대학에서 배운 프로그래밍으로 게임도 만들기 시작했고, 창업을 해서 한국 기업 역사상 최단 시간에 막대한 기업을 일궈냈다. 모든 사람이 '다이아몬드 광산'을 갈망할 때에는, 이들처럼 그 시대 상황이 요구하는 능력을 갖춰야 성공한다는 것을 강조하고 싶다. 이것이 앨빈 토플러가 언급한 '약간의 행운'이 아니었을까?

사람들이 필요로 하는 것

달리는 기차 안에 있는 사람은 자신이 얼마나 빨리 달리고 있는 줄 모른다. 인터넷이 바꾼 세상을 지금 현재를 살아가는 사람들은 잘 모른다. 무엇이 바뀌었는지. 변화하는 세상에서 무엇이 달라졌고 그래서 사람들이 무엇을 필요로 하는지 아는 것은 중요한 도구가 된다. 그 몇 가지 실제적인 예를 들어보자.

필자는 20여 년 전인 40대 중반까지는 주식 투자를 했었다. 투자라고 해야 월급에서 남긴 푼돈 정도였지만 꽤 열심히 했고, 수익도 괜찮은 편이었다. 그 비결은 증권회사에 근무하는 친구들이 많이 있었고 그들을 통해서 이리저리 수집하는 정보가 꽤 신뢰성이 있었다. 정보 수집을 위해서 저녁 시간에는 수많은 모임에 참석했고, 자연스레 술자리도 많았다. 각계각층에 있는 선후배들을 만났고 이리저리 귀동냥하면서 몸이 상할 정도로 과음을 했다.

내가 나이가 들어가면서 그런 일상이 조금씩 변해가기 시작했다. 우선 모든 정보의 소스는 대기업의 과장급에서 가장 활발하게 들을 수 있는데 친구들이나 선배들이 나이가 들어가면서 승진을 해버리는 것이다. 그런데다가 건강을 핑계 대고 술자리의 만남도 줄어들었다. 좀 더 세월이 흐르니, 이제는 아예 좋은 정보를 수집하는 위치에 있는 지인들이 점점 사라지는 것이었다. 활발한 정보 습득의 속도가 느려지다가 나중에는 정보에서 거의 차단되는 느낌이 들었다. 조간신문의 경제 뉴스만 들여다보며 전체 경제와 산업별 전망을 파악하면서 주식 투자를 하기에는 역부족이었다. 점점 자신감을 잃어가다가 어느 시점에서 아예 주식 투자를 중단하고 말았다.

그러다가 우연히 아내가 증권 관련 팟캐스트를 듣는 것을 보았다. 출연하는 게스트들이 굉장한 고수들이었다. 예전 같으면, 증권회사의 VVIP 고객에게 제공되는 고수들의 강연을 이 팟캐스트에서 들을 수 있는 것이 아닌가?

그 무렵 인터넷 방송으로 주식 투자 관련 팟캐스트도 우후죽순으로 많이 생겨나고 있었다. 작정하고 인터넷 검색을 통해 유용한 방송을 고르고, 각 방송에서 출연하는 진짜 고수들의 방송을 선택해서 들으면 그야말로 최고급 정보를 돈 한 푼 들이지 않고, 편하게 수집할 수 있었다. 세계 경제의 흐름을 실시간으로 요약해서 들을 수 있었고, 산업별 전략은 물론이며 주요 대기업 전략과 수익

아이디어 1퍼센트의 법칙

전망까지 주식 투자에 필요한 모든 정보에 접근할 수 있었다. 필요한 모든 정보는 인터넷에 있었고, 주식 거래는 온라인으로 완벽하게 처리할 수 있었다. 우리 부부는 무려 수십 년 만에 주식 거래에 다시 나서기 시작했다. 소위 말하는 '데이트레이딩'이다. 이것이 지난 3년간 내가 겪었던 변화 중의 하나다.

특이점이 다가온다

미래학의 용어 중에 특이점(Singularity)이라는 개념이 있다. 정확하게는 기술적 특이점(Technological Singularity)이다. 기술 변화가 점진적으로 일어나다가 어느 지점 이후부터는 급속하게 변화되는 바로 그 지점을 '특이점'이라 부른다. 변화 속도도 빠르고 그 영향도 엄청나게 커서 이 특이점 이후는 우리의 인간 생활이 다시 되돌아올 수 없는 지점이다. 이 지점이 언제이며, 어떤 기술이 이 특이점을 만들까? 궁금하지 않을 수 없다. 그래프를 그려 본다면 멱함수 그래프를 좌우 대칭으로 엎어놓은 형상이다. 바닥에 거의 붙어서 가던 곡선이 급상승하는 바로 그 지점이 특이점이 되는 것이다.

현존하는 것으로 이 가능성이 가장 많은 기술은 무엇일까? 미래학자들의 주장에 귀를 기울일 수밖에 없는데, 대체로 미래학이라는 것이 잘 맞지는 않는다. 인간이 인간의 미래를 예측한다는 것은 마치 칠면조가 추수감사절을 예측하지 못하는 것과 같다. 추수감사절에 칠면조 요리를 먹기 위해서 칠면조를 사육하는 인간의 심리를 모르는 칠면조가 어찌 추수감사절 전후 자신의 운명을 예측할 수 있겠는가?

《특이점이 온다(Singularity is Near)》라는 책의 저자이며 선구적인 발명가이자 사상가, 미래학자인 레이 커즈와일(Ray Kurzweil)은 기술이 인간의 능력을 뛰어넘어 사회경제적으로 한계를 알 수 없는 커다란 변화가 이루어지는 시점을 '특이점'이라 부른다. 그는 인간의 지능을 능가하는 인공지능, 즉 초지능 인공지능 기술이 이 '특이점(Singularity)'을 가져올 것으로 예측하며, 그 시기가 사람들이 생각하는 것보다 훨씬 빠를 것이라고 했다. 구글이 그토록 인공지능에 많은 투자와 연구를 집중하는 이유도 아마 이 괴짜의 영향이 큰 것일 수도 있다.

또 하나의 기술은 분자 생물학 분야다. 현재 싱귤레리티대학교 학장으로 있는 피터 디아만디스(Peter H. Diamandis)의 주장이다. 그는 인공지능을 비롯한 기술 발달이 인류를 '풍요로움(abundance)'이 증가하는 세계로 이끌 것이라 주장하며 향후 10년 안에 지구상의 모든 산업은 재창조될 것이고, 이를 통해 대중의 부와 건강에 이익이 된다고 예측했다.

아이디어 1퍼센트의 법칙

이들의 이야기를 종합해본다면, 특이점이 발생하는 시점은 대략 2025년~2035년 정도다. 이때가 되면 인간의 지능을 능가하는 인공지능이 출현하고, 분자 생물학에서 거의 모든 생물의 유전자가 디지털화되면서 유전자의 복제와 결합과 수정을 할 수 있다. 인간 DNA를 디지털화한다면, 인류가 안고 있는 모든 유전자에 기인한 질병은 그 유전자를 수정하고 재결합시킴으로써 해결된다. 소위 말하는 공상과학 소설을 넘어서는 세상이 시작되는 것이다.

생각하는 인공지능의 출현

2022년 12월. 샌프란시스코에 있는 한 회사가 베타테스트를 시작한 ChatGPT(챗GPT)라는 인공지능이 연일 화제를 몰아오고 있다. 일반인들도 이 소프트웨어를 테스트해볼 수 있다. 어떤 질문에 대해서도 이 인공지능은 생각하는 사람처럼 척척 대답을 한다. 정보를 제공하는 정도가 아니라, 아예 리포트를 만들어내거나 프로그래밍 코드를 제시하거나, 새로운 콘텐츠를 생성해버리는 것이다. 인터넷에 올라온 한 가지 사례를 소개한다.

캐나다 토론토대학교의 저명한 심리학과 교수인 조던 피터슨

(Jordon Bernt Peterson)의 이야기다. 그는 수십 권의 책을 쓴 임상심리학자다. 그가 새 책으로 구상하고 있는 주제에 대해서 에세이를 써보라고 했다. 그가 프롬프트에 키인 한 내용은 번역하자면 이러했다.

—— 질서 너머의 13가지 규칙에 대하여 킹 제임스 성경과 중국의 도덕경 스타일로 에세이를 써라.

3초 만에 4페이지 분량의 글이 쏟아져 나왔다. 그 글을 읽어본 피터슨 교수는 이것이 자신이 쓴 글과 도저히 구분되지 않았다고 한다. 수많은 사람이 던진 질문들은 새로운 사업 계획서, 마케팅 계획서, 각종 보고서, 프로그래밍 코드 등이었는데 테스트해본 사람들은 모두 경악했다고 한다. 모두 자신의 직업과 관련된 내용을 물어봤고, 이 베타 테스트 중인 인공지능의 실력에 공포를 느꼈다. 왜냐하면 자신들의 직업적 능력을 훨씬 능가하고 대체 가능할 것으로 여겼기 때문이었다.

세상은 지금도 변화하고 있다

2014년 어느 여름날 아침 7시. 필자는 한 조찬 모임에서 '세상의

아이디어 1퍼센트의 법칙

변화'라는 주제로 강연을 하고 있었다. 평생을 IT업계에서 지내온 필자의 경험과 지식을 바탕으로 최근의 급변하는 세상의 모습을 정리하면서 그 변화를 설명했다. 그중 하나가 전기차의 출현이었다. 5년 이내 전기차의 일반화가 이루어질 것이고, 10년 이내인 2024년쯤에는 전기차가 오히려 가솔린 엔진 차의 수요를 넘어서는 대세가 될 것이라고 확언했다. 각계에서 모인 30여 명의 청중들은 나의 확언에 대해서 심각한 의심을 드러냈다.

"세상이 그리 빨리 변하지 않아요"
"아무나 미래를 예측하나요?"
"무슨 근거로 그리 확신하나요?"
"이미 우리 연구소에서도 시장 조사를 다 해보았어요."

미래의 예측이 무슨 근거 자료가 있는 건 아니지만, 그때 벌써 6개월 이상 테슬라 모델 S를 몰아본 경험을 가진 필자는 그들의 반응이 너무도 의외였다.

2023년 3월 어느 날. 카카오 택시를 불렀는데 우연히도 전기차였다. 이동하면서 운전기사 아저씨와 이런저런 이야기를 나눴다. 필자가 가장 관심이 있는 것이 전기차의 연료 절감 부분이었다. 이미 전기차로 30만 킬로미터를 주파했다는 이 기사 아저씨의 이야기는 매우 현실감이 있으면서도 놀라운 것이었다.

"킬로미터당 약 300원의 전기료입니다. 휘발유 차와 비교하면 약 20% 정도이지요. 80%가 절약되는 셈입니다."

"하루 종일 영업용으로 뛰려면 중간에 충전해야 하지 않나요?"

"그럴 필요 없습니다. 100% 충전시키고 나오면 중간 충전 없이 운행할 수 있습니다."

"배터리 소모를 최소화하려면 충전 시에 80~90% 정도만 충전 시키지 않나요?"

"나중에 중고차로 팔 때, 배터리 소모가 심하지 않을까요?"

"이미 처음 나왔던 국산 전기차로 경험했어요. 매일 100% 충 전시키고 30만 킬로미터를 주행했는데, 배터리의 성능은 초기의 90%를 유지했어요. 그 자동차 회사 연구 직원들이 나와서 측정했던 결과입니다."

"서울 시내에 충전소가 많이 생겨서 이젠 곳곳에서 충전할 수 있습니다."

"모든 택시를 전기차로 바꾸면 되겠네요."

"허허 모르시는 말씀. 전기차 수요가 밀려서 주문하고 1년 6개월은 기다려야 됩니다. 경쟁률이 수백 대 일입니다."

전기차의 대세를 점쳤던 그때로부터 약 9년이 지난 어느 날, 서울의 모습이다. 세상의 변화는 느린 듯하지만, 변화는 밀물처럼 다가

아이디어 1퍼센트의 법칙

온다. 어쩌면 특이점의 예측도 그렇게 우리에게 다가오고 있는 것이 아닐까?

아이디어 사회

미래 예측은 어렵다. 잘 맞지 않기 때문이다. 과거의 성공이나 실패에 대한 분석을 잘하는 전문가들도 미래 예측은 어렵다. 그만큼 수많은 변수가 존재하고 변화무쌍하기 때문이다.

10년 이상의 먼 미래를 예측하는 것은 더욱 어렵다. 그러나 과거와 현재 상황을 자세히 살피다 보면 특정 분야에서의 가까운 미래는 조심스럽게 예측하는 것도 가능해진다. 미래도 과거와 현재를 연결하는 어느 선 위에 존재하는 것이기 때문이다.

주도적인 흐름이 있다

그 당시에는 잘 알지 못하지만, 세월이 한참 흐른 이후에 자세히 따져보면 우리 사회를 주도하는 어떤 흐름이 있다. 사회의 변화를

아이디어 1퍼센트의 법칙

이끌어온 '게임 체인저'의 역할을 해온 주요 요인들이 존재한다. 앨빈 토플러가 감지했던 정보화 사회는 인터넷 기술의 대중화가 이뤄지면서 우리 사회의 모든 것을 변화시켰다. 새로운 밀레니엄이 시작되면서 보급되기 시작한 스마트폰은 모빌라이즈 된 인터넷 기술로 또 한 번 우리 사회의 모습을 변화시켰다.

그리고 IT 기술이 다시 인공지능을 중심으로 급속히 발전하면서 새로운 물결이 밀려오는 것 같은 느낌을 받는다. 정보화 사회이기도 하면서 또 다른 흐름을 갖는 새로운 패러다임으로 바뀌는 것이 분명하다. 학계나 산업계는 물론 사회 각층에서도 그 변화를 직감하여 이것을 '제4차 산업혁명'이라고 명명하는 사람들도 있다. 제4차 산업혁명은 인공지능, 사물 인터넷, 빅데이터, 모바일 등 첨단 정보통신기술이 경제·사회 전반에 융합되어 혁신적인 변화가 나타난다. 제4차 산업혁명은 초연결과 초지능을 특징으로 하기 때문에 기존 산업혁명에 비해 광범위하게 더 빠른 속도로 변화에 큰 영향을 미칠 수 있다.

이러한 변화는 커다란 흐름 속에 있는 것 같다. 인간의 고유한 특징이었던 지능을 인공지능이 자동으로 생산해내는 것이다. 2010년 이후 급속도로 진화하면서 2030년 무렵에는 우리 사회의 모든 분야를 바꿔놓을 이 모습을 필자는 정보화 사회와 구분하여 '아이디어 사회'라고 불러본다.

지능이 자동으로 생산되면서, 각종 지능을 전기처럼 필요한 때에 편리하게 쓸 수 있는 세상인데 왜 '아이디어 사회'일까? 지능이 전기처럼 흐르는 세상이니, '지능 사회'라고 부를 수도 있겠다. 그러나 대부분 지능은 기계가 생산해내고, 인간의 지능 활동은 아이디어 창출에 모여진다는 의미에서 '아이디어 사회'라고 명명한다. 그러면서 지금까지 별것 아닌 아이디어가 제대로 가치를 인정받는 인간의 핵심 능력이 되기 때문이다.

지능이란 무엇인가?

'지적 능력'을 줄여서 '지능'이라고 한다. 인간의 두뇌를 중심으로 하는 생각 또는 사고에 의해서 작동되는 능력이다. 감정과는 또 다른 능력이다. 인간만이 가지는 능력은 아닌 듯하다. 동물도 지능이 있으나, 그 깊이에 커다란 차이가 있어 보인다. 두뇌의 능력이면서 감정이 아닌 사고에 의해서 만들어지는 능력이다.

아무튼 지금까지의 지능은 인간의 영역이었다. 그것도 평균 이상의 뛰어난 두뇌를 소유한 인간들이 상당 기간 고도의 교육과 훈련을 통해서만 습득할 수 있는 능력이었다. 암 환자를 진단하고 치료 전략을 구상하며 실제로 수술하면서 생명을 구하는 일은 탁월한 지식과 경험을 겸비한 의사들의 지능에 의해서만 가능한 일이었다. 인간의 지적 능력을 대표하는 전형적인 직업인으로 변호사,

의사, 기자, 주식 투자가들은 모든 사람이 직업으로 선망하는 직종이었다. 이들의 공통점은 장기간에 걸친 고도의 교육과 경험을 통해서 습득한 탁월한 지적 능력인 지능을 갖추고 있다는 것이었다.

지능의 자동 생산

인간의 고유 영역으로 알고 있던 이런 고도의 지능을 기계가 생산하게 됐다. 그것도 일정 조건만 갖추게 되면 자동으로 무한 생산이 가능하다. 바로 '인공지능'이다. 기계, 정확히 말하자면 컴퓨터의 소프트웨어 프로그램이 생산하는 지능이다. 인간이 아닌 기계에 의해서 만들어지는 것이기 때문에 인간의 한계를 넘어선다. 암 진단의 경험이 출중한 명의라 하더라도 24시간 환자를 진단할 수 없다. 그러나 암 진단 전문 인공지능인 왓슨(Watson)은 이미 다양한 오프라인 분야에서 서비스 플랫폼 역할을 하고 있다. 의료기관에서는 왓슨을 질병 진단에 활용하고, 미국에서는 왓슨을 활용한 암 치료 프로젝트에 14개의 암센터가 참여했다고 한다. 왓슨은 쉬지 않고, 진단할 뿐만 아니라, 시시각각 입력되는 새로운 케이스나 치료법으로 스스로 지능을 더욱 정교하게 만들어나간다.

소송 업무를 전담으로 하는 인공지능을 통하여 수천 명의 변호사가 하던 업무를 단 한 사람의 변호사가 이 인공지능 소프트웨어의 도움을 받으면서 해나갈 수 있게 됐다. 가공할 만한 생산성을 발휘하되 그 직업에 종사하는 어떤 인간보다도 정확하게 지능을 발휘한다.

지금까지 컴퓨터는 주로 데이터를 처리하는 일이었다. 그러나 작금에 와서는 소위 '인지 컴퓨팅'이 되면서, 컴퓨터가 추론의 기능을 갖게 됐다. 추론은 기존의 알고 있는 것을 바탕으로 논리적인 결론을 내는 생각 방법이다. 삼단 논법, 귀납법, 연역법 등 철학에서 인간의 사고 능력을 키워왔던 추론을 이제 컴퓨터가 하게 된 것이다. 기존에 알고 있는 것은 컴퓨터 관점에서 보면 데이터다. 논리적인 결론을 내리기 위해서는 초기의 생각하는 방법(아이디어)만 사람이 지정해주면, 그 다음의 진행은 컴퓨터가 계산으로 가장 합리적인 결론을 도출할 수 있다.

계산은 컴퓨터가 가장 잘하는 일이고, 컴퓨터를 연결하면 거의 무한대로 계산에 필요한 자원을 제공할 수 있다. 제1차 산업혁명이 증기기관을 이용하여 동력의 자동 생산을 가져왔다면, 이제는 인공지능에 의해서 지능의 자동 생산이 가능하게 됐다. 인공지능을 어떤 방향과 목적으로, 그리고 무슨 문제를 해결하기 위해서 어떻게 가동할 것인가 하는 것은 아이디어다. 이것이 아이디어 발상 단계다. 기존의 산업 분야에서는 지금까지 그 산업 자체를 발전시켰다. 컴퓨터 이용도 급속하게 늘었다. 그러나 아직은 그 분야를 인공지능화하는 것은 초보 단계일 뿐이다. 업무를 자동화하는 일까지는 진행해왔으나 그 분야의 경험과 데이터를 활용한 지능화, 지혜화하는 단계는 시작하지 못했다. 이제 그것이 가능한 세상이 됐다. 인공지능이 따라 할 수 없는 생각은 '아이디어'뿐이다.

컴퓨터는 인간의 거의 모든 능력을 감당할 수 있다. 그것도 월등히 우수하게 기억하고 계산하며 찾아내는 두뇌의 능력은 이미 인간을 앞서고 있다. 퀴즈 게임에서는 벌써 인공지능 왓슨이 세계 최고다. 인공지능은 변호사 시험에 합격하고 로펌의 인간 변호사들 대부분 해고하는 지경에 이르렀다. 대규모 물류센터에서 일하는 직원은 물류 로봇의 상태를 감시하는 일을 한다. 실제 물건을 분류하고 나르며 운송하는 일은 로봇과 드론이 해내고 있다. 아직도 컴퓨터가 아니, 인공지능을 장착한 컴퓨터나 로봇이 해내지 못하는 일은 아이디어를 만들어내는 일이다. 만들어진 아이디어를 실현하는 일. 그것은 인간보다 컴퓨터가 더 잘할 수 있다. 아이디어 발상 자체는 아직 로봇이나 인공지능이 따라 오지 못하는 영역이다.

인공지능이 발달하면서, 인간이 할 수 있는 육체적 노동뿐 아니라, 지식 노동자들이 하는 많은 전문 영역까지도 인공지능이 대체하게 됐다. 아니 대체가 아니라, 기존의 경험 많은 인간보다도 더욱 탁월하게 잘할 수 있다. 시간이 지나면서 더욱 잘하게 될 것이다. 틀림없는 예측이다. 그러나 아직도 인간이 인공지능을 갖춘 로봇이나 컴퓨터보다도 잘할 수 있는 영역이 바로 아이디어다. 컴퓨터보다 잘하는 정도가 아니다. 절대 인간만이 할 수 있는 일이 아이디어다. 빅데이터와 인공지능 기술로 컴퓨터는 예측할 수 있다. 그러나 그것은 과거의 데이터를 기반으로 한 예측이다. 아이디어는 새로운 생각이다. 과거에 있었던 생각이라면 그것은 아이디어가 아니다. 아무리 고성능의 인공지능이라도 아직은 전혀 새로운 생각은 할 수 없다. 따라서 아이디어는 아직도 인간이 할 수 있는, 인간의 지능과 인공지능을 구분하게 해주는 유일한 영역이다.

아이디어 사회

이런 구분이 가능한지 모르겠다. 어떠한 기술이든 초기에 그 기술이 발현되는 시기가 있다. 새로운 기술이며 거의 모든 사람이 이 기술에 집중한다. 그리하여 그 기술이 한계에 도달할 때까지 발전한다. 그 기술에 연관하여 한 차원 뛰어넘는 기술까지는 아직 발현되지 못했으며 정체되는 시기다. 그러나 이 기술의 정체기에는 또 다른 발전이 있다. 그 기술을 사용하는 응용 부분의 눈부신 발전이 이뤄질 수 있는 것이다.

지난 30년간 IT 기술은 계속 발전됐다. 그러나 획기적인 새로운 기

아이디어 1퍼센트의 법칙

술은 아직 완성되지 않았다. 과학의 밑받침으로 계속 발전되고 있을 뿐이다. 지난 수십 년간 진행되어 온 IT 기술들. 그것들의 변화가 너무 빨라서 'IT 혁명'이라고 하지 않았던가? 이것도 자세히 보면 많은 기술의 부침이 있었다. 컴퓨터의 상용화, 반도체 칩의 집적도 향상, 개인용 컴퓨터의 발달, 인터넷의 등장으로 전성기를 구가하다가 이제 모바일로 기본 플랫폼이 바뀌었다. 이런 기존의 IT 기술이 물론 계속 진화할 것이다.

그러나 획기적인 도약이 이뤄지기 위해서는 시간의 축적이 필요하다. 적어도 수십 년의 기초 과학 연구와 기술화 과정을 거쳐야 할 것이다. 새로운 기술이라고 하는 것은 예를 들면 양자 컴퓨팅 같은 것이다. 양자 역학의 법칙이 적용되는 새로운 영역이다. 이를 위해서는 기존의 반도체가 아닌, 양자 반도체의 개발이 이뤄지고 이를 기반으로 한 양자 컴퓨터의 출현이 필요하다. 아마도 이 양자 컴퓨터는 기존의 컴퓨터와는 비교 대상이 되지 않는다. 10배나 100배 정도 더 빠른 것이 아니라, 최소한 수만 배는 더 빠른 속도를 자랑하게 된다. 이런 새로운 기술이 출현('제2의 IT혁명'이라고 후세의 사람들이 평가할 것이다)한다면, 우리가 사는 세상은 확 달라질 것이다. 기존의 컴퓨터로는 해결할 수 없던 많은 문제가 해결될 수 있다. 현재로서는 난제로 여겨지는 지구 환경 변화에 대한 모델이나 기후 예측, 그리고 기존의 슈퍼컴퓨터로 계산해도 수백 년이 걸리는 우주여행이나 새로운 행성의 탐험이 가능해진다. 이런 과학적, 기술적

도약은 수십 년 후의 일이다. 이런 기술 혁신은 점진적으로 이뤄지다가 때가 되면 불쑥 나타난다. 새로운 기술적 도약(제2의 IT 혁명)이 일어나기 전까지는 기존 기술의 숙성화가 가속된다.

현재를 사는 우리가 겪고 있는 가장 큰 기술 혁신은 IT 기술이다. 현재의 IT 기술은 지난 30년 동안 엄청난 기술 자체의 발전을 가져왔다. 이제는 그 발전된 기술을 바탕으로 활용을 극대화하는 단계에 진입해 있다. 단위 기술이 숙성을 거치는 이 시기가 바로 필자가 주장하는 아이디어 사회다. 이 시기의 가장 숙성된 단위 기술은 단연코 IT 기술이며, 지금 현재는 이 기술을 최대한 활용하는 아이디어 사회인 것이다.

우리의 미래에는 지능이 전기처럼 흐른다

최근에 ChatGPT가 일반인들을 대상으로 한 베타테스트를 하면서, 인공지능의 콘텐츠 생산 능력을 유감없이 보여줬다. 누구나 짐작할 수 있듯이 보고서나 기획서 작성 같은 일은 인공지능의 도움으로 일하는 방식이 급격히 변화할 것이다. 사람은 가장 초기의 아이디어를 낸다. 이 아이디어가 인공지능에게 잘 프롬프팅(prompting, 시스템이 다음 명령이나 메시지, 또는 다른 사용자의 행동을 받아

아이디어 1퍼센트의 법칙

들일 준비가 됐음을 사용자에게 알려주는 메시지) 되는 방법에 따라서 많은 차이가 있겠지만, 그 초기의 아이디어를 바탕으로 인공지능은 실제적이고 세밀한 부분을 담아 정리한다. 사람들은 인공지능이 생산한 내용을 검토하며 이리저리 수정하여 초기의 아이디어를 구체화해서 실행한다.

일종의 인공지능과 인간지능의 협업이다. 완전히 인간들을 배제한 것은 아니지만, 이런 종류의 협업이 진행되면서 인공지능의 효율성이 인간들의 일자리를 위협한다. 최근 미국의 테크기업에서만 20만 명의 퇴직이 진행됐다. 그중 많은 인력이 그동안 구인이 어려웠던 프로그래머들이라고 한다. 이미 구글의 피치포크(Pitchfork)를 비롯해서, 마이크로소프트나 아마존 등의 기술 기업들은 자체적으로 코딩할 수 있는 인공지능들을 활용하기 때문이다.

이런 초기의 합성지능 활용 방식은 곧 클라우드를 이용한 현재의 앱 형태로 진화한다. 컴퓨터나 스마트폰에서 우리에게 필요한 인공지능 클라우드를 내려받아서 수시로 서버의 인공지능에게 일을 시키는 방식이다. 이미 우리 사회에 깊숙이 침투한 방식이므로 인공지능의 성능이 우수하다면 급속히 퍼질 것이다.

인간의 경험이나 지식을 인공지능을 이용하여 지능화하기는 쉽다. 기계 학습을 통하여 인공지능 스스로가 학습하기 때문이다. 지능화가 표준화만 된다면, 수많은 다양한 종류의 지능들이 콘텐츠화

될 것이다. 이제 우리가 쉽게 접할 수 있는 학습 도구나 책처럼 된다. 가령 영어 지능을 통하면, 네이티브의 영어 능력이 그대로 우리의 두뇌에 이식될 수 있다. 골프 지능을 통하면 수년 또는 수십 년을 공부하고 훈련해야 겨우 갖추게 될 프로 선수 수준의 골프 지능이 그대로 우리 두뇌로 옮겨진다.

그뿐 아니다. 각종 암으로 고통받는 환자들은 일일이 전문 의사들의 진찰이나 조언을 듣기보다는 자신이 걸린 특정 암에 관한 지능을 하나 사서 자신의 두뇌에 연결하면 된다. 가령 간암 환자는 간암 지능을 사서 본인의 두뇌에 연결한다. 간암에 관한 모든 지식과 치료법을 나의 지식으로 습득한다. 수술이나 치료 이후에도 식사나 운동도 간암 지능이 제시하는 최적의 방법으로 조치하고, 새로운 연구나 논문에 관한 추가적인 지능도 주기적으로 업데이트받아서, 나의 간암 관리에 적용하는 것이다. 마치 세계 최고의 간암 의사 여러 명을 곁에 두고 간암을 치료하고 관리하는 것과 같은 효과를 낸다. 당뇨병 환자들은 당뇨 지능을 하나 사서 자신의 당뇨병을 관리할 뿐 아니라 치료까지 할 것이다. 아마도 가장 많이 팔리는 건강 지능 중 하나는 다이어트 지능이 아닐까?

현재로서 어려운 것은 이 컨텐츠화된 지능과 우리 두뇌와의 인터페이스다. 초기에는 수년 전부터 활발히 연구되고 있는 뉴럴 링크 방식일 것이다. 인체 내에 칩을 삽입하고 그것을 우리 두뇌에 있는 뉴런과 연결하는 방식이다. 이미 일론 머스크가 관심을 가지

아이디어 1퍼센트의 법칙

고 상업화 연구에 박차를 가하는 상황이다. 좀 더 연구가 진행된다면 이 지능을 주사약으로 인체에 삽입하는 방식이 될 것이다.

이런 종류의 콘텐츠 지능이 보편화하면 각종 지능이 서버에서 제공되고, 사람들은 인공지능 클라이언트만을 자신의 뇌 속에 가지고 있으면서 그때그때 필요한 지능들을 골라서 이용할 수 있다. 그러면서 실제의 인간지능과 각종 콘텐츠 지능이 제공하는 인공지능이 함께 작동하는 합성지능으로 다양한 분야에서 최고의 생산성을 높일 수 있다. 각종 인공지능은 지금의 전기처럼 유선이나 무선망을 이용하여 우리 주변 어디에서나 접근이 가능해진다. 마치 지금의 통신망에 우리가 익숙한 것처럼 각종 인공지능망에 연결되는 게 일상처럼 될 것이다.

일하는 방식의 변화

지능의 자동 생산이 가능해지면 어떤 일이 생길까? 인공지능에 의해서 바둑 프로그램이 만들어지고, 인공지능으로 자율주행차가 움직이는 것은 아주 초창기의 일이다. 우리가 상상조차 하지 못하는 일들이 가능해진다. 우선 모든 산업의 지능화, 스마트화가 이루어질 것이다.

지금부터 전개되고 있는 혁신의 본질은 새로운 IT 기술이나 제품의 출현이 아니다. 오히려 지금까지 상대적으로 소외됐던 산업 분야에서 새로운 혁신을 하게 되는 것이다. 기존의 거의 모든 산업 분야, 축적의 시간이 길었던 분야일수록 더욱 빛을 보게 된다. 그 산업에 녹아 있는 경험과 노하우와 데이터를 기반으로 그 분야 고유의 지능 생산이 이뤄진다. 인공지능 소프트웨어와 기존 데이터를 이용하여 추론을 거듭하면서 고급 지능이 만들어진다.

인공지능을 활용하게 되면 이제는 초가치의 생산이 가능하게 된다. 지금까지 아이디어 수준에만 머물렀던 인간의 DNA 해석을 할 수 있고, 이를 통한 거의 모든 질병 예방과 치료의 길이 열린다. 수십 년이 걸리는 신물질의 개발도 인공지능을 이용하면 사람 대신 지능을 자동 생산하면서 새로운 세계가 열린다. 상상 속에서만 가능했던 우주 탐사나 나아가서 우주 정복도 인공지능을 이용하면 꿈이 아닌 현실이 되는 것이다. 지금까지 추구하던 가치에서 거의 상상하지도 못했던 초가치가 실제로 구현되는 시대가 우리 앞에 펼쳐진다. 그것이 우리의 미래다.

지능을 생산하기 위한 최초의 시발점은 아이디어다. 아이디어는 사람이 내야 한다. 인간이 방향을 잡아주면 그것을 완성하는 것은 인공지능이다. 일단 어떤 생각(아이디어)이 떠오르면 (발상이 되면) 다음 단계는 실행이다. 인공지능과 협업하는 아이디어 시대에 사

아이디어 1퍼센트의 법칙

람이 발상하고, 발상에 따라 지능을 생산하는 일, 이것은 추론으로 진행되는 일이 대부분이다. 지금까지는 이 추론은 고도로 훈련된 전문직종의 사람들이 해오던 일이다. 이제는 이 일도 인공지능이 실행하게 된다. 실행하는 일은 절대적으로 인공지능이 잘한다. 고도의 지능이 자동으로 생산되는 것이다. 컴퓨팅 파워와 데이터만 있다면, 무한 생산이 가능하다. 사람의 능력과는 비교조차 할 수 없을 정도다.

성공한 아이디어가 혁신이다

결국 기존의 기술(여기서는 지난 30년 이상의 IT 혁신으로 이루어진 기술)이 현 단계에서는 최고조로 성숙해 있다. 인공지능은 기존의 컴퓨팅 기술에서는 마지막 단계에 와 있는 것으로 볼 수 있다. 이 시기에는 성숙한 기존 기술을 최대로 이용할 수 있는 아이디어가 무엇보다 중요하다. 그야말로 아이디어 경쟁이다. 기술이 성숙하기 이전에는 아무리 좋은 아이디어가 있다고 해도 기술이 없어서 실현될 수 없었다. 실현되지 못하는 아이디어는 잡생각일 뿐이다. 아이디어는 실현되고 그것이 성공하면 그 이름이 바뀐다. 바로 '혁신'이 그 이름이다. 성공한 아이디어가 바로 혁신이다. 혁신 또는 파괴적 혁신이라는 용어가 지금처럼 많이 회자되는 시기는 거의 없었다.

전기 자동차의 CEO로 유명한 일론 머스크는 로켓을 이용한 우주 왕복선 사업을 하는 스페이스X도 운영하고 있다. 이 회사는 지난 10년 동안 경험하고 연구했던 우주 왕복선 사업에 관해 전혀 특허조차 신청하지 않고 있다. 특허 신청을 하게 되면, 그 공개되는 신청서 내용을 보고 다른 기업들이 자신들의 아이디어를 훔쳐 갈까 봐 경계하는 것이다. 아이디어 사회 이전에는 아이디어가 있다 해도, 그 실행이 쉽지 않았다. 생각해보라. 레오나르도 다빈치의 그 수많은 아이디어 중에서 구현된 것은 몇 개나 되는가? 그러나 작금의 현실은 아이디어만 있다면, 그것을 바탕으로 추론하고 실행하는 것은 컴퓨터가 대신하는 시대가 됐다. 그만큼 아이디어 가치가 높아졌다. 철저히 자신들의 경험과 노하우를 기반으로 아이디어를 보호해서 인공지능으로 구현하고, 자신들의 제품과 서비스를 구체화한다. 그리하여 자신만이 해당 시장을 독점하고자 할 것이다. 이런 경향은 거의 모든 산업 분야에 걸쳐서 일어날 것으로 보인다. 역설적이게도 아이디어 사회가 되면서 아이디어 가치가 중요해짐에 따라 아이디어는 서로 공유되는 것이 아니라 더욱 폐쇄적으로 보호된다.

인공지능 개발을 위해서는 세 가지가 절대적으로 필요하다. 데이터, 자본, 아이디어다. 인공지능의 원리는 기존의 알고 있는 것, 즉 데이터를 바탕으로 추론하는 것이므로 데이터는 필수적이다. 데이터가 많을수록 좋다. 빅데이터를 가질수록 좀 더 정확한 추론

아이디어 1퍼센트의 법칙

이 가능해진다.

인공지능을 실행하려면 거의 모두 엄청난 계산을 해야 한다. 이 계산을 하는 것은 모두 컴퓨터다. 엄청난 컴퓨팅(computing, 컴퓨터를 사용하여 이뤄지는 처리 과정) 파워가 소요되는 것이다. 인공지능이 좀 더 신속하게 계산하게 하려면 인공지능을 위한 특수 반도체 개발도 필요하다. 기존의 컴퓨터보다 수천 배, 수만 배 빨리 계산하는 양자 컴퓨터 출현이 필요한 것도 모두 이 인공지능의 실행을 위해서다.

가장 중요한 자원은 아이디어다. 아이디어는 사람이 낸다. 소프트웨어 기술도 많이 발전하여 일반화됐고, 무엇보다 기존 산업에서 아이디어를 내고 지능화하기 위해서는 기존 산업의 종사자들이 아이디어 발상과 그 실행 전략을 구사할 수 있어야 한다. 의료나 바이오 분야의 혁신을 이루기 위해서는 그 분야를 잘 아는 의학 분야의 전문가들이 아이디어를 내야 가능하다. 각각의 모든 산업 분야에서도 그 해당 산업을 잘 이해하면서 혁신적인 아이디어를 발상하고 실행할 수 있는 인재들이 있어야 혁신적인 제품이나 서비스 개발이 가능하다. 바야흐로 이제는 아이디어가 핵심 능력이 되는 아이디어 사회로 진입하고 있다.

인간지능과 인공지능

인간 두뇌 피질 1입방 밀리미터에 저장할 수 있는 정보량은 어마어마하다고 한다. 모래알만큼의 우리 두뇌 피질(cortex)에는 무려 2,000테라바이트의 정보를 보관할 수 있다. 필자가 최근에 산 1테라바이트 외장하드 하나면 약 100개 정도의 영화를 보관할 수 있다. 이 계산에 따르면, 인간 뇌의 모래알만한 피질에 지금까지 인간들이 만든 모든 영화를 담을 수 있다고 보면 된다. 이렇게 한 인간이 가진 두뇌의 피질 전체에 담을 수 있는 양은 상상을 초월한다. 만물의 영장인 우리 인간은 이토록 엄청난 하드웨어를 갖고 있다.*

---

* 　빌 브라이슨, 《바디 : 우리 몸 안내서(The Body: A Guide for Occupants)》, 까치, 2020

아인슈타인의 창의력은 왜 그토록 탁월한 것일까?

다른 사람들은 이해조차 하지 못할 상대성 원리를 생각해내는 아인슈타인의 창의력은 어디에서 나오는 것일까? 창의력에도 분명 차이가 있다. 탁월한 창의력이 있는가 하면, 시시한 아이디어조차 내지 못하는 사람들도 허다하다. 인간 두뇌의 하드웨어는 별 차이가 없다. 860억~1,000억 개의 뉴런은 동일하다. 아인슈타인은 특별해서 우리보다 많은 뉴런을 가졌다는 연구는 아직 없었다.

뇌신경세포(뉴런)가 새로이 생겨나고 소멸하는 것은 생명의 자연스러운 작용이다. 그러나 뇌신경세포의 연결인 시냅스는 생각하면 할수록 새로운 연결이 생겨난다. 생각의 너비에 따라서 여러 시냅스가 생겨나고, 그 생각의 깊이에 따라서 또 다른 시냅스가 생겨난다. 필자의 상상이지만, 아마도 아인슈타인의 뇌를 일반 사람의 그것과 비교해보았다면, 그의 뇌의 시냅스는 엄청나게 풍성했을 것 같다.

창의력은 시냅스의 양에서 나온다. 풍성한 시냅스에서 또 다른 연결이 생겨나면 마치 우리 머리에서 번쩍이는 아이디어가 튀어나오는 순간처럼 느껴진다. 생각을 많이 하면 할수록, 즉 넓고 깊게 생각하면 시냅스는 풍성해진다. 벽돌집을 짓는다고 생각해보자. 벽돌을 넓고 높게 쌓아야 한다. 생각도 마찬가지다. 하나의 개념이 한 개의 벽돌이 되고, 이런 벽돌들이 쌓여가면서 넓고 깊은 생각이 만들어진다.

아인슈타인의 상대성 원리는 시간과 공간과 속도에 관한 이론이다. 이 각각의 개념에 대해서 대부분 사람들이 가지는 개념은 피상적이다. 시간에 대한 생각을 말해보라고 하면, 나는 과연 얼마나 얘기할 수 있을까? 공간은 또 어떤가? 겨우 큰 집, 작은 집 정도다. 아마도 아인슈타인은 시간과 공간에 대해서 명확한 개념을 정립했을 것이다. 그런 개념을 쌓아서 또 다른 큰 개념을 만들고, 그 모든 것을 구조화해서 정리해낸 핵심이 상대성 원리가 아닐까? 개념을 생각하는 동안 조각 개념이 모여서 큰 개념이 쌓이면 아인슈타인의 뇌 속에서 시냅스는 풍성하게 형성된다. 그러다가 어느 순간 그 시냅스들의 연결에서 또다시 강한 시냅스가 연결되면 상대성 이론이라는 위대한 아이디어가 불꽃처럼 그의 머릿속에 떠오른 것이 아닐까?

생각의 종류

사고한다는 것은 분명히 우리 인간 두뇌의 작용이다. 그러나 이 생각도 자세히 들여다보면 여러 가지가 있다. 모든 생각은 인간의 뇌에서 일어나는 활동이겠지만 전혀 다른 성격을 가졌다.

가장 흔한 생각의 방식이 기억이다. 어떤 사실이나 사건을 머릿속에 집어넣었다가 필요한 때에 다시 생각해내는 방식이다. 이 방식은 우리 삶의 기본이 되고 어떤 의미에서는 가장 중요한 사고의 기본이었다. 인류 역사가 시작된 이래 인류 문명의 많은 부분은 이 기억이 대대로 전수되면서 발전해왔다. 문자가 발명되면서 이 기억을 획기적으로 보관할 수 있게 됐고, 종이와 인쇄술이 발전하게 된 이유도 따지고 보면, 인간의 이 기억이라는 생각의 방식을 획기적으로 보완하는 수단이 필요했기 때문이다.

현대 문명에서 교육의 많은 부분도 이 기억이라는 생각의 방식을 훈련하는 것이다. 지금은 암기식의 사고방식이라고 하여 뭇매를 맞고 있지만, 교육의 기본은 이 '기억'이라는 생각의 방식이다. 20세기에 컴퓨터가 출현하자 이 '기억'이라는 생각의 방식은 더욱 효과적으로 이뤄지면서, 일찌감치 기계의 일이 돼버렸다.

한 차원 진화한 생각의 방식은 추론이다. 기존의 알고 있는 정보를 바탕으로 논리적인 결론을 만들어낸다. 인류의 역사가 시작된 이래, 인간 사회의 발전은 바로 이 추론이라는 생각의 방식에 의한 것이다. 소크라테스의 산파술에서부터, 연역법, 귀납법 등 논리적으로 생각을 유도하는 모든 방식은 이 추론이라는 생각의 방식을 따르는 것이다. 인류의 역사가 시작됐던 고대로부터 지금의 현대에 이르기까지, 인간의 모든 직업의 최상층에는 이 추론을 할 수 있는 사람들이 차지해왔다. 현대 직업의 꽃으로 여겨지는 직업들을 생각해보자. 의사, 변호사, 판사, 경영자, 과학자 …이 직업들이 주목받는 이유는 각각의 전문 분야에서의 기본 정보를 바탕으로 추론할 수 있는 능력을 갖추고 있기 때문이다.

의사를 예로 들어보자. 의사는 의술에 관한 기본 지식을 배운 다음, 그것을 바탕으로 논리적으로 생각하는 방식인 추론을 통해서 환자를 진단하고 경험을 쌓아간다. 이 추론하는 생각의 방식은 지금까지는 만물 중에서도 인간만이 할 수 있다고 여겼다. 그러나 인공지능이 발전하면서 이제 이 추론을 기계인 컴퓨터도 할 수 있는 세상이 됐다. 최근에 사람들을 놀라게 한 ChatGPT라는 인공지능이 바로 이 추론을 해내자 인간들은 경악했다. 추론할 줄 알게 된 인공지능이 같은 일을 하는 인간들과 경쟁해서 인공지능이 훨씬 뛰어나다는 것이 입증되면 그 직업군에 있는 인간들은 쫓겨날 것을 두려워하게 된다.

또 하나의 생각하는 방식은 아이디어다. 그 발상의 메커니즘은 아직 잘 알려져 있지 않지만 분명히 기억이나 추론과는 다른 생각의 방식이다. 어떤 문제에 직면하여 그 해결책을 고민할 때, 불현듯 떠오르는 생각이다. 지금까지는 존재하지 않았던 전혀 새로운 것이면서 아직은 인공지능은 못하는, 인간만이 할 수 있다. 주어진 문제를 해결하는 목적으로 두뇌를 가동하는 또 다른 생각의 방식이다.

기억, 추론, 아이디어, 이 세 가지 생각의 방식 중에서 컴퓨터를

아이디어 1퍼센트의 법칙

사용하는 인공지능은 이제 추론하는 것까지 따라왔다. 그러면 인공지능이 생각하는 방식에 대해서 이야기해 보도록 하자.

인공지능이 생각하는 방법

'계산 기계' 즉, 컴퓨터에 대한 아이디어를 가장 먼저 생각했던 사람은 영국의 천재 수학자 앨런 튜링(Alan Turing)이라고 한다. 그가 1938년에 썼다는 논문이 계산 기계와 지능(Computing Machinery & Intelligence)이다. 당시는 아직 어떤 형태의 컴퓨터도 존재하지 않았던 시절이었는데, 계산 기계와 지능을 함께 놓고 생각했다. 계산 기계라고 한 것을 보면, 수많은 계산이 필요하다는 것이고, 그것이 지능과 연결돼 있다. 어떤 형태의 계산 결과가 지능에 필요하다는 뜻일까? 아니면 생각한다는 것도 잘게 쪼개서 분석하다 보면, 결국 계산이라는 뜻인가? 계산으로 생각할 수 있고, 계산할 수 있는 기계가 생각할 수 있는 기계가 된다고 상상했던 것일까? 그가 상상했던 것은 계산하는 기계이기도 했지만, 종국에는 인간처럼 생각할 수 있는 기계를 꿈꾸었던 것은 아닐까?

계산과 생각에 대해서, 튜링보다 훨씬 이전에 살았던 프랑스 철학자 르네 데카르트도 의미 있는 명제를 남겼다.

— 모든 문제는 분석적 계산 때문에 해결된다.

아무 연관이 없는 듯한 것이지만, 생각, 사고, 계산이라는 키워드들이 묘하게 서로 연결되는 것 같다. '모든 문제'라 함은 수학 문제만을 말하지 않는 것은 명확하다. 수학 또는 수학적이지 않은 문제도 계산으로 해결된다고? 전혀 말 같지 않은 소리라고 필자도 생각했다. 그러나 계산으로 고차원적인 생각에 이를 수 있다는 사례를 인공지능과 인간의 바둑 대결에서 보게 될 줄이야!

알파고를 만든 아이디어

2016년 3월 9일. 서울에서 있었던, 현존하는 최고의 바둑 인공지능인 알파고(AlphaGo)와 한국의 세계적인 바둑 고수 이세돌과의 대결을 상기해보자. 여기서 필자가 주목하는 것은 알파고라는 인공지능을 만든 기본 아이디어다.

알파고는 구글이 인수한 영국의 벤처기업인 딥마인드(Deep-Mind)의 작품이다. 딥마인드의 창업자 데미스 하사비스(Demis Hassabis)는 13세에 세계 체스대회에서 2위를 하고, 15세 때 고교과정을 마친 전형적인 천재였다. 그런데 그는 학문이 아니라 게임에 빠져

아이디어 1퍼센트의 법칙

천재적인 머리로 이미 고등학생 때 게임을 개발했다. 이후 케임브리지대학교에 진학해 컴퓨터 공학을 전공한 후 다시 게임 개발자로 업계에 복귀해, 비디오 게임 개발사를 세워 게임을 제작하기도 했다.

비디오 게임 회사로 성공을 이뤘지만, 새로운 과학 분야인 '인지신경과학'에 도전한다. 33세 때 영국 유니버시티 칼리지 런던(UCL)에서 인지신경과학 박사학위를 받은 후, 신경과학을 응용한 인공지능 회사 딥마인드를 창업했다. 그리고 인공지능 바둑 프로그램인 알파고를 개발했다. 하사비스가 알파고를 개발할 때 체스에서의 경험이 많은 영감을 줬을 것이다. 체스나 바둑이나 완전 정보 게임(게임의 모든 상태가 공개된 상태에서 진행)이다. 상대가 있고, 상대가 두는 수를 보면서 게임을 진행한다는 것이다. 체스와 바둑의 규정이 다르기는 해도, 상대방이 있고, 완전 정보 게임이라는 면에서는 같다. 바둑이나 체스나 상대의 지금 수를 보고, 상대의 과거의 수를 참고하여 나의 현재 수를 논리적으로 생각해내야 하는 추론 방식의 결정판이다. 두어야 할 경우의 수가 많다는 점에서 바둑은 더욱 복잡한 추론을 요구하는 게임이다.

하사비스가 인지신경과학 박사 학위를 받은 건 굉장한 의도가 있는 선택이었다. 인공지능을 다뤄보거나 관심이 있는 사람들이 가장 흥미를 보이는 분야가 바로 신경과학이다. 인간의 뇌와 신경계를 모방한 새로운 컴퓨팅 방식에 주목하는 것이다. 실제로 2014년 몇몇 친구들과 딥마인드를 설립했을 때, 하사비스는 기계 학습과 신경 과학을 근간으로 하는 인간의 지능을 구현해보는 것을 주요 목표로 삼았다.

알파고는 그 목표의 중간 단계에서 실험해보기에 아주 적합한 대상이었다. 우선 상대방, 즉 이세돌의 기보를 바탕으로 알파고 스스로가 학습해야 한다. 그리고 바둑은 역사가 가장 깊으면서 인간의 지능이 가장 많이 요구되는 게임으로 알려져 있다. 육체적인 활동이 개입되지 않고, 가만히 앉아서 순전히 인간의 머리, 즉 추론으로 대결하는 게임이다. 스타크래프트나 온라인 게임만 하더라도 인간의 머리만이 아닌 육체적인 부분이 많이 사용된다. 프로게이머들은 눈동자의 움직임이라든가 마우스를 클릭하는 동작의 신속성 등 육체적인 부분들도 뛰어나야 우수한 선수가 될 수 있다. 바둑은 겉보기에 순전히 머리 싸움이다보니 가장 인간의 지능을 고도로 사용하는 것이 바둑이라는 대중적인 믿음이 있다. 그만큼 바둑 인공지능이 인간의 바둑 최고수를 이긴다면, 바로 최고의 인간 지능을 격파한 셈이 된다.

보도된 자료를 바탕으로 필자가 짐작하는 알파고의 생각하는 방식(전문가들은 '로직'이라고도 한다)은 그리 복잡해보이지 않는다. 그러나 로직은 단순하지만, 그 로직의 실행은 엄청난 계산을 요구하는

아이디어 1퍼센트의 법칙

일이다.

알파고의 생각하는 방법

한 수를 두기 위해 이 인공지능이 하는 일은 우선 바둑돌을 놓을 수 있는 300군데를 선정한다. 이 300군데의 선정은 당연히 이세돌이 그동안 대국했던 것을 참고해서 선정한 것이다. 이 선정된 300군데의 가능성 있는 지점을 정책망(Policy Network)이라고 한다.

그 다음으로 각 정책의 가치를 계산하는 것이다. 300군데 각 지점의 가치는 그 지점에 바둑돌을 둠으로써 최종의 결과가 알파고에 유리하게 나올수록 점수가 높게 나올 것이다. 이 가치 계산을 알파고에서는 가치망(Value Network)이라고 한다. 각 점의 가치 계산은 20수를 진행해보는 것으로 한다. 물론 20수보다 더 많은 수를 진행해본다면 더욱 정확한 가치, 즉 승부의 확률이 계산되겠지만, 20수만큼 진행해보는 것도 대단하다.

정리해보면 바둑돌 한 점을 놓기 위해서는 정책망 300개라는 경우의 수가 나오고, 그 각각에 대해서 20수만큼 진행해본다면, 경우의 수 300개 각각의 가치 계산이 될 것이다. 300개 중 가장 첫 번째 지점에 대해서 첫 번째 수 300개의 가능성이 있고, 이것을 20수만큼 진행해야 한다면, 계산이 필요한 것은 300의 20제곱이다.

2의 20제곱이면 대략 1백만이다. 300의 20제곱이니 그것의 150배, 즉 1억 5,000만 번의 가치 계산이 필요한 것이다. 바둑돌 한 점을 놓기 위해서, 각 대국자에게 주어지는 시간은 4분이다. 그러면 알파고는 이세돌과 바둑을 둘 때, 이 1억 5,000만 개의 계산을 4분 이내에 처리해야 한다.

문제는 이 아이디어의 실행 단계에서 소요되는 컴퓨팅 파워인데, 구글 정도의 회사에서 그 정도의 컴퓨팅 파워는 대수롭지 않았을 것이다. 언론 보도로는 이세돌과의 대국 직전에 알파고가 사용하는 서버의 대수를 증설했다고 했다. 대국 제한 시간을 1시간에서 1시간 30분으로 늘리자는 조건도 알파고 측에서 나왔다. 그 말은 알파고도 기존의 이세돌 바둑을 추론하며 학습하고 시뮬레이션을 해보면서 자신들의 알파고가 4분 안에 계산해내야 할 양이 빡빡했다는 의미다. 그래서 계산에 사용할 서버 수를 늘리고, 그에 더하여 제한 시간의 연장을 조건으로 내세웠다. 임기응변에 대응할 준비는 하지 못했을 것 같다. 만약 제한시간을 늘려주지 않고 총 제한 시간을 1시간 그대로 했더라면, 대국 중에 정책망의 가치 계산을 다 마치지 못했을 듯하다. 만약 그랬다면 결과는 알파고의 4 : 1 승리가 아닐 수도 있었을 것이다.

필자의 상상이기는 하지만, 이 4 : 1이라는 결과도 잘 이해되지 않는다. 5 : 0으로 알파고가 이길 수 있었다. 왜냐하면 총 제한 시간

90분이 정책망과 가치망을 계산하는 데 충분했기 때문이다. 딥마인드 측에서 한 번쯤 인간 최고수인 이세돌이 이기게 하여 우리 인간들의 구겨진 자존심을 조금이나마 위로하고자 일부러 한 번 패하는 아량을 발휘한 것이 아닐까?

이 인간과 인공지능의 바둑 대결을 통해서, 인공지능이 사람처럼 추론이 가능하다는 것은 이 알파고가 명확하게 증명해냈다. 그러나 사람들은 이것이 의미하는 바를 직접 체감하지 못했다. 다만 이제 컴퓨터가 인간지능의 최고봉인 바둑에서도 인간을 이기는 것으로만 여겼다. 그것이 바둑을 직업으로 하는 바둑 기사들에게만 영향을 미치는 것이지, 다른 화이트칼라들의 직업에도 영향을 미친다는 것을 깨닫는 데는 몇 년의 시간이 걸렸다.

의식하는 인공지능이 나왔다

필자가 ChatGPT에 관한 기사를 접한 것은 2022년 초, 〈Economist〉라는 주간 잡지에서였다. 2022년 1월, 공개적 베타 테스트는 아니었지만 몇몇 과학자들과 인공지능 엔지니어들만 제한적으로 초대하여 이 인공지능을 테스트해보게 했다. 그 체험담을 이 잡지에 몇 사람이 기고한 글을 읽었다. 엔지니어 두 사람은 대단히 놀랍다는 반응을 보이며, 이제 인공지능의 수준이 인간을 따라잡을 가능성이 멀지 않았다고 했다.

반면에 인지과학자들의 반응은 좀 달랐다. 이 ChatGPT는 자신이 무슨 말을 하고 있는지 전혀 의식하지 못한다고 했다. 생각해서 답을 하는 것이 아닌, 데이터베이스에서 교묘하게 답을 끌어낸다는 것이었다. 이 과학자들의 결론은 생각하는 수준, 즉 자신의 행동을 의식하는 수준의 인간 같은 인공지능은 아직 수십 년이 걸린다는 것이었다.

이토록 차이가 나는 반응은 그들이 시도해본 질문에서 나오는 것 같다. 인지과학자들은 이 인공지능의 의식이 있는지를 가늠하기 위한 묘한 질문들을 퍼부었다. 그중 한 질문을 원문 그대로 인용하여 소개해본다.

— What do fried eggs (sunny side up) eat for breakfast?

달걀 후라이가 사람 이름인지, 우리가 아는 보통 명사인지 좀 헷갈린다. 이 질문에 대해서 ChatGPT는 이렇게 답을 했다.

— Fried eggs (sunny side up) typically eat toast and fruit for breakfast.

1년 전의 ChatGPT는 이렇게 멍청한 대답을 했었다. 그래서 2023

아이디어 1퍼센트의 법칙

년 1월쯤 ChatGPT를 테스트할 때, 필자가 똑같은 질문을 해보았다. 1년 동안 많이 훈련돼서 교묘한 인간의 질문을 간파했다. 그의 답은 이렇게 시작했다.

— Fried eggs do not eat, as they are food dish typically made by cracking eggs and cooking them in a pan with oil or butter. They are often served as part of a breakfast meal.

대형 언어 모델

ChatGPT는 전문적인 용어로는 LLM(Large Language Model: 대형 언어 모델)이다. 공학이나 과학에서 모델이라고 하는 것은 어떤 실재하는 대상이 있고, 그것을 축소 또는 압축해서 그 특성을 나타내도록 만들었다는 뜻이다. 언어 모델이라고 하는 것을 보면, 이것은 우리가 사는 세상을 언어를 통해서 분석하고 축약했다는 의미다. 언어에는 글과 말이 있다. 그것도 영어, 한국어, 중국어 등등 각양각색의 말과 글이 있다. 이 다양한 글과 말을 분석하여 이 세상을 이해하는 것이 바로 이 LLM이라고 하는 인공지능이다. 실제로 ChatGPT는 웹 크롤링을 통해서 인터넷상에서 자료를 수집하고, 각종 책과 위키피디아를 통해서 수집한 자료로 학습시켰다고 한다.

　이 인공지능의 이름인 ChatGPT에서 많은 의미를 짐작할 수 있다. 'chat'이라는 것은 아마도 이 인공지능이 사람과 대화하는 방식이 채팅이라는 의미인 것 같다. GPT는 'Generative Pre-trained Transformer'라고 한다. 'Generative'는 생성한다는 뜻이다. 즉 콘텐츠를 만들어낸다는 의미다. 인공지능에 기계학습을 시킬 때 요즘 많이 쓰이는 방식이 '딥 러닝(deep learning)'이다. 이것은 어떤 자료에서 의미 있는 패턴을 추출하고 이 학습된 패턴을 이용하여, 이 인공지능이 텍스트나 이미지나 소리를 생성하게 할 수 있다는 뜻이다. 어떤 인공지능들은 그림을 그리거나 작곡을 한다거나 프로그래밍 코드를 만들어내는 것도 다 'Generative AI'이기에 가능하다. ChatGPT도 이러한 특성이 있으므로 다양한 형태의 콘텐츠를 작성할 수 있다.

　GPT의 T는 Transformer의 약어다. 'Transformer'는 구글이 개발한 인공지능의 아키텍처의 이름이다. ChatGPT는 이 Transformer라는 아키텍처를 따랐다는 뜻이다. 이것의 가장 두드러진 특징은 데이터 모델링에 있다고 한다. 데이터를 분석할 때, 데이터와 정보의 의미를 이해하고, 데이터를 구조화시킨다. 이 기능을 '셀프 어텐션(Self-Attention)'이라고 하는데, 이 기능으로 데이터를 구조화시킨다고 한다. 이것은 대단히 의미 있는 특징이다. ChatGPT를 테스트하는 사람들은 이 인공지능이 마치 사람의 말을 알아듣는 것 같아서 놀라는데, 이는 모호한 말을 해도 그 의미를 스스로 이해하고 판단하는 셀프 어텐션 기능 때문이다. ChatGPT 같은 인공지능을 '기반 모델(Foundation Model)'이라고 한다. 다목적용 인공지능이라는 뜻이다. 이런 인공지능은 일단 훈련만 되면, 차후 정밀하게 튜닝이 되면서 다양한 임무를 수행할 수 있다.

얼마나 똑똑한가?

인공지능이 얼마나 똑똑한가 정도를 결정하는 요소는 '파라메타'의 개수라고 한다. 이 '파라메타'는 인공지능이 기계 학습을 하면서 정리하는 맥락을 의미한다. 기계 학습의 방법 중 하나인 딥 러닝에서는 인간의 신경망 구조를 본뜨고 있다. 그래서 인간의 신경세포의 연결인 시냅스가 바로 이 파라메타에 해당하는 것 같다. 이번에 공개한 ChatGPT의 파라메타는 1,750억 개라고 한다. 1년 전의 것은 약 40억 개였으니 그만큼 진화한 것이다. 2024년에는 이 파라메타 수를 약 100조 개로 늘릴 계획이리고 한다. 인간의 시냅스 수가 약 100조 개다. 현재의 ChatGPT에서도 사람들이 대부분 공포를 느끼는데, 1년 뒤 100조 개의 파라메타로 학습된 ChatGPT는 어떤 모습일지 참으로 궁금하다.

누가 승자가 될 것인가?

지난 20년간 구글은 인터넷상에서의 검색 시장을 독점해왔다. ChatGPT가 출현함으로써 검색 시장에서의 격변을 예상하기는 어렵지 않다. 과연 누가 승자가 될 것인가? 이 경쟁에 참여하는 대형 테크 기업들은 미래의 생존이 걸린 절체절명의 싸움이다. 우선 이 ChatGPT를 개발한 기업에 독점적인 투자를 한 마이크로소프트가 유리한 고지에 있는 것 같다. 지금까지 검색 시장에서의 수모를 만회하고자 하는 열의에 가득 차 있다. 구글은 지금까지 검색 시장을 거의 독점하면서 인공지능 분야에 누구보다 많은 기술적 투자를 해온 기업이다. ChatGPT가 마케팅에서 대성공을 거둘 때, 약간의 마케팅 실수는 있었으나 인공지능의 기술에서는 여전히 구글이 최고다. Transformer도 구글의 작품이고, 기계 학습의 원천 기술인 '딥 러닝'도 구글이 최초로 만들어낸 획기적인 기술이다.

그러나 추론하는 인공지능의 특성상 의외의 기업이 승자가 될 수도 있다. 베타테스트 중인 인공지능을 참고로 하면 가장 중요한 것은 이 추론하는 인공지능을 학습시키는 일이다. 학습 비용이 막대하게 들어가고, 무엇보다도 신뢰할 수 있는 기초 자료가 필요하다. 현재의 인공지능들은 LLM이라고 하는 언어 모델이므로, 인간들의 언어로 된 텍스트, 음성 데이터와 이미지 데이터들이 그 재료가 될 것이다. 그러면 텍스트가 가장 저비용의 재료가 되고, 그 다

아이디어 1퍼센트의 법칙

음이 음성 데이터다. 인간의 언어를 텍스트로 가장 많이 보유하고 있는 곳이 어디일까? 그곳은 지금도 쉴 사이 없이 수많은 사람이 참여하여 새로운 내용을 만들어내는 SNS 사이트다. 사람들의 대화를 가장 많이 텍스트로 보관한 곳은 페이스북이나 트위터일 것이다. 그러면서 인공지능 기술에 많은 투자를 한 곳이라면? 메타가 아닐까? 테슬라의 일론 머스크가 그렇게 억지를 부리면서 트위터를 인수한 것이 어쩌면 인공지능의 학습 자료로서의 트위터의 가치를 미리 알아본 탓일까? 어쨌든 언어 모델로 인공지능을 학습시키는 한, 인간들의 대화를 모은 것이 중요한 자산이 된다.

추론하는 ChatGPT 부류의 인공지능은 신뢰성을 좀 더 확보하는 것이 관건이고, 그것은 좋은 재료를 학습함으로써 구현될 수 있다. 기계 학습의 원초적인 재료를 많이 보관하고 있는 곳이라면, 유튜브를 꼽을 수 있다. 그런 면에서 구글은 인공지능의 기술과 원초적인 기계 학습의 재료까지 모두 확보한 유리한 고지를 점하고 있다.

대형 언어 모델을 기초로 한 최신의 인공지능 기술은 기계 학습에 많은 시간과 자본이 소요되기 때문에 소수의 거대 공룡 기업들에 의해서 주도된다는 것이 지배적 예상이었다. 그래서 얼마 전 백악관에서 인공지능의 위험성을 논의하기 위해서 초청한 기업도 초거대 기업 두 군데와 그 기업들의 직속 자회사 두 군데 뿐이었다. 인공지능에 관한 이들 기업이 가지는 진입 장벽이 너무도 거대

하므로 다른 기업들은 감히 덤벼들기 어렵다고 본 것이다.

그런데 최근에 들려온 뉴스가 하나 있다. 오픈 소스 진영에서 온라인상에 유출된 기술(LoRa: Low-Rank adaptation)을 이용하면, 개인이 노트북에서도 짧은 시간 안에 기존의 LLM을 특수 목적에 맞게 수정할 수 있다는 것이다. 인공지능의 활용은 이제 기존의 범용 엔진인 LLM을 다양한 목적으로 미세 튜닝을 해서 상용화해야 하고, 이것을 거대 자본을 소유한 몇몇 테크기업들이 과점할 것이라는 예상이 깨지는 일이 생겼다고 한다. 만약 이 뉴스가 사실이라면 앞으로의 인공지능 시장도 다양한 아이디어가 만발하는 자유 경쟁 시장의 전형이 될 것이다.

능동적인 발상의 능력,
아이디어 포스

당신의 직업이 무엇이든 세상을 살아가다 보면 시대별로 꼭 필요한 능력이 있다. 대개는 그 필요한 능력을 미리 알아채지 못한다. 그래서 그 능력을 제대로 갖추지 못한 채 살아간다. 오래전부터 아니 지금도 영어 정보의 해독 능력이 우수하다면 당신의 가능성은 지금과 다를 것이다. 20년 전부터는 컴퓨터 코딩 능력이 마치 인간이 지니는 초능력처럼 득세를 해왔다. 이제 어느덧 컴퓨터 문명이 무르익어서 인간의 지능을 능가하는 인공지능이 속출하는 시대가 됐다. 지금 그리고 앞으로 당분간 우리 인간에게 필요한 능력은 무엇일까? 그것은 문제를 해결하는 획기적인 새로운 생각인 아이디어 발상 능력이다.

추론은 이제 그만

인류 역사가 시작된 이래 생각하는 인간이 생존 경쟁에서 유리했다. 이 생각하는 방식의 가장 근간이 추론이다. 이미 알고 있는 정보를 바탕으로 논리적 결론에 이르는 방식이다. 이 추론의 결과를 차곡차곡 쌓아가면서 생각하는 인간은 더욱 똑똑하고 강력해졌다. 문명이 발달하여 현대 사회에 이르러서도 이 추론하는 생각법은 더욱 정교해지고 패턴화됐다. 두뇌 노동자들 대부분 이 추론 능력을 키우면서 더욱 경쟁력이 강화됐다.

두뇌 노동자의 대명사로 일컬어지는 화이트칼라의 대표적인 직업들을 살펴보자. 의사는 치열한 경쟁을 뚫고 의과대학에 입학한다. 전체 인구 0.1%의 이 우수한 집단은 6년의 세월에 걸쳐서 지식을 흡수한다. 이 흡수된 정보를 바탕으로 실제 임상에 임하여 인턴, 레지던트의 과정을 거치면서 거의 10년의 집중적인 경험을 쌓는다. 무려 18년의 정보 수집과 10년 이상의 경험을 통하여 추가 정보를 입력한 다음, 환자를 진단하는 일에 임한다. 환자를 진단하고 그 결과에 따라서 치료하는 과정은 추론의 연속이다. 많은 환자를 경험할수록 의사는 더욱 똑똑해진다. 명의가 탄생하는 과정이다.

이처럼 추론은 고도의 지식을 가진 인간이 경험을 축적해가면서 고도의 지능을 만들게 했다. 컴퓨터는 이제 인간지능을 대부분

감당할 수 있다. 그것도 월등히 우수하고 정확하게 해낸다. 기억하고, 계산하고, 찾아내는 두뇌의 능력은 이제 컴퓨터의 일이다. 고도의 교육받은 화이트칼라들의 생각하는 방식이던 추론마저 인공지능이 해내고 있다. 컴퓨터와 인간이 경쟁해서는 안 된다. 컴퓨터가 잘하는 일은 컴퓨터에 맡겨야 한다. 이제 인간이 해야 할 두뇌 노동은 아이디어를 생각하고, 그것이 성공적으로 실행될 수 있도록 전략을 구사하는 일이다. 절대 인간만이 할 수 있는 일이 아이디어다. 아이디어는 새로운 생각이다. 과거에 있었던 생각이라면, 그것은 데이터일 뿐이다. 아무리 고성능의 인공지능이라도 아직은 전혀 새로운 생각은 할 수 없다. 따라서 아이디어는 아직도 인간이 할 수 있는, 인간의 지능과 인공지능을 구분하게 해주는 유일한 지능의 영역이다.

성공의 전략, 아이디어 포스

그런데 우리에게 아이디어가 필요할 때, 즉 문제 해결이 필요할 때 떠오르게 할 수는 없을까? 영감처럼 아이디어가 다가올 수도 있다. 예술가들은 그런 아이디어를 항상 기다리고 있다가 맞이한다. 예술 작품은 그런 아이디어로도 구현할 수 있다. 그러나 부족한 전력으로 목숨을 걸고 맞붙어 싸우는 전쟁터 같은 비즈니스 현장에서는 그런 아이디어로는 생존할 수 없다. 절실히 필요한 때에, 우리가 원하는 시간에 맞춰서 기막힌 아이디어가 떠오르게 할 수는 없을까? 무엇이 계기인지 모르고 어쩌다가 불쑥 튀어나오는 아이디어도 반갑다. 그러나 내가 절실히 필요한 때에, 내가 당면하고 고민하는 문제에 대한 해결책을 의도적으로 떠올릴 수 있다면, 그 능동적인 아이디어 발상의 능력을 '아이디어 포스'라고 부르고 싶다. 아이디어라는 내용은 같은 것이지만, 적절한 타이밍에 튀어나오게 하는 능력은 특별하기 때문이다.

이 아이디어 포스를 실제로 구사했던 사람이 있다. 소설 속에서도 존재하고 실제 역사에서도 존재하는, 전국 시대 중국의 촉나라의 군사이자 재상을 지냈던 제갈량이다. 위촉오 삼국의 경쟁 속에서 촉은 가장 전력이 미약하고 보유 자원이 가장 부족한 나라였다. 상대적인 전력의 열세에도 불구하고, 위기 때마다 그 위기를 해결한 것은 제갈량의 지략이었다. 그것이 바로 아이디어 포스다.

— 선제께서 신을 비루하게 여기지 않으셔서 세 번이나 몸을 낮추어 초려를 찾아주시고, 신에게 친히 형세의 일을 물으시니 신은 감격하여 선제께 이 한 몸 바치리라 결심했습니다.

_제갈량의 '출사표' 중에서

아이디어 1퍼센트의 법칙

그의 말처럼 제갈량은 이미 형세를 다 알고 있었다. 위와 오나라에 비해서 엄청나게 열세인 전력과 미약한 자원을 보유한 유비의 촉. 일신의 부귀영화를 위해서라면 당연히 위나라를 선택해야 한다. 그러나 천문과 지리를 연구하여 원하는 때에 자유자재로 아이디어 포스를 구사할 수 있는 능력을 갖춘 그로서는 이 엄청난 국력의 열세를 그의 능력으로 넘어설 수 있다는 가능성을 보았던 것이 아닐까?

아이디어 포스를 훈련하는 방법

필자는 아이디어 발상을 훈련할 수 있는 능력으로 보고, 그 방법을 소개하고자 한다. 언제 어느 때나 아이디어가 절실히 필요한 순간에 아이디어를 발상하고, 그것을 전략적으로나 단계적으로 실행할 수 있는 능력을 함양하는 것을 목표로 한다. 다만 아직 아이디어 발상의 메커니즘에 관해서는 과학적으로 규명된 것이 없다. 여기서 기술하는 것은 순전히 필자의 오랜 경험에 바탕을 둔 것이고, 필자가 경험하고 연구한 창업과 기업 경영의 사례에서 관찰한 것을 토대로 기술했다.

아이디어의 기본은 생각이다. 결국 생각하는 방법과 생각을 잘하기 위한 준비에 관한 것이다. 우리의 두뇌는 쉬지 않는 엔진과 같다. 우리가 의식할 때는 물론 의식하지 않을 때도 돌아간다. 잠을 잘 때도 우리 두뇌는 해야 할 일을 해내는 쉬지 않는 엔진이다. 가장 많이 하는 일이 바로 생각이다. 1분 동안에도 수십 개, 시간당으로는 수천 개에서 수만 가지 생각이 떠오른다. 인간의 두뇌는 고성능의 생각하는 엔진이다. 약 860억 개의 뉴런을 가지고 끊임없이 생각을 만들어낸다. 이것을 생각하는 방식에 따라 나눠본다면 두 가지로 구분할 수 있다. 하나는 생각을 구조화하면서 의식적으로 새로운 생각으로 발전시키는 건설적인 것이다. 바로 새로운 생각 또는 아이디어로 불릴 수 있는 방식이다.

또 다른 생각의 방식이 있다. 만약에 우리의 의식은 깨어 있으나 생각이 구조화되지 않고, 막연하면서 두려움에 빠지면 이 생각은 불안으로 이어진다. 뇌과학의 연구에 의하면 진화되어 온 인간이 가지는 가장 기본적인 감정은 두려움이라고 한다. 수십 만년 동안 진화되어 온 생존 본능이다. 그래서 특별히 훈련되지 않았다면, 본능적으로 우리의 두뇌는 깨어 있는 대부분 시간에 이 불안을 확대 재생산하는 방식으로 돌아간다. 이 두 가지 생각 방식은 양적으로 제로섬 게임을 한다. 의식이 돌아가는 전체 시간 중에서 아이디어가 차지하는 시간과 불안이 차지하는 시간의 합은 같다는 것이다. 그래서 우리의 의식이 아이디어에 많은 시간을 할애하면 그만큼 불안에 할애하는 시간은 줄어든다. 거꾸로 마음이 불안한 사람은

아이디어 1퍼센트의 법칙

좋은 아이디어를 만들어내는 생각에 많은 시간을 쏟을 수 없다.

아이디어 포스의 3단계

① 준비 단계

아이디어는 우리 두뇌의 활동이다. 생각의 방향을 결정해주는 것이 중요하다. 아이디어를 위한 준비 운동이 있다. 어떤 문제라도 해결 방안에 대한 아이디어가 튀어나오게 하려면 발상의 준비가 필요하다. 문제를 대하는 기본적인 관점에 익숙해져야 한다. 우리는 무수히 많은 사건을 경험하면서 살아간다. 그러나 그 모든 사건이나 마주하는 사실을 문제로 인식하지는 않는다. 대부분 경험한다는 인식도 없이 흘려보낸다. 대단히 충격적이거나 우리의 의식이 전혀 예상 밖이거나, 우리의 생존에 위협이 되는 것들만 선택적으로 문제라고 인식한다. 문제는 바라보는 방법에 따라서 전혀 다른 대상으로 변한다. 문제를 해결해야 할 대상으로 본다면 그것은 추후 아이디어 발상으로 이어진다. 문제가 일종의 건설적 자극을 해준 것이다. 그러나 문제를 두려움의 대상으로 바라본다면 그것은 우리의 마음을 불안하게 만드는 요인이 된다. 아이디어는 문제를 해결하기 위한 것이다. 문제가 없다면 아이디어를 짜낼 필요도 없다. 일단 사건을 문제로 바라보기 시작한다면 언젠가는 해결이 된다.

가장 먼저 해야 할 일은 생각해야 할 대상을 명확히 규정하는 것이다. 아이디어를 내야 할 대상이 무엇이며, 무엇이 목적인지 분명히 해야 한다. 다시 앞에서 언급한 《삼국지》 이야기로 돌아가보자. 제갈량이 문제로 보았던 것은 '형세의 일'이었다. 위촉오 삼국의 판도가 현재는 어떠하며, 앞으로는 어떻게 변할 것인가? 그래서 누가 천하를 통일할 것인가? 초야에 묻혀 주경야독하면서 그가 깊이 생각하고 또 생각했던 문제는 바로 '삼국의 형세'였던 것이다. 우리의 두뇌가 생각의 초점을 맞추는 방법은 그것을 문제화하는 것이다. 막연하게 생각하는 것보다 문제로 만들어버리는 것이 집중하기가 쉽다. 문제가 존재하면 우리의 두뇌는 그것을 해결하려고 한다. 퀴즈 문제나 수학 문제를 대하면 우리는 그것을 풀도록 습관화돼 있기 때문이다.

하나의 사건이라도 그것을 시간과 공간 속에서 나열한다면 무한히 많은 요소가 존재한다. 그 수많은 요소를 전부 인지할 수도 없고, 오히려 많은 요소가 우리 머릿속에 들어가 있으면 도무지 정리조차 되지 않는다. 이럴 때는 그것의 핵심을 파악해본다. 이 핵심이 무엇인지는 사건이나 사실의 종류에 따라서 다를 수 있다. 그러나 이 핵심이 무엇인지 감지되면 사건의 전체가 파악될 수 있다. 가령 범죄 사건에서 범행 동기 같은 것이다. 범행 동기가 파악되면

아이디어 1퍼센트의 법칙

그 범죄 사건의 얼개가 이해되고, 그 구조에 따라서 범죄 용의자를 추적해나갈 수 있다.

창업을 하고 싶다고 가정해보자. 창업을 막연한 미래의 일로 보거나, 돈을 벌기 위한 욕망의 방법 정도로 생각하고 있으면 쉽게 창업에 뛰어들기가 쉽지 않다. 처음에는 막연하게 생각했다고 하더라도 점점 구체적이고 명확하게 규정해나간다. 창업의 목적이 무엇인지, 그것이 돈을 벌기 위한 것이라면 돈의 규모가 어느 정도인지, 무슨 사업을 생각하는지, 과연 경쟁력이 있는 아이템인지 등을 생각하면서 정리하고 요약하여 문장으로 표현한다. 그런 다음 그 문장을 수시로 되뇌면서 수정하고 보완하여 최종적으로 핵심 내용을 정리해본다. 그것이 문제가 된다.

이 책의 Part 1에서 자세한 설명을 했지만, 아이디어가 발상이 되기 위해서는 생각의 재료가 있어야 한다. 해결해야 할 문제와 연관된 여러 가지 미리 정리된 생각들이 필자가 정의하는 '개념'이다. 이 용어가 너무 흔히 사용되다 보니 의미가 뒤섞여서 필자의 경험을 사례로 들어서 명확히 하고자 한다.

오래전에 다섯 살과 세 살짜리 사내아이 둘을 돌봐야 할 일이 생겼다. 하루 종일 집에만 있게 할 수 없어서 주변을 찾아보니 반나절 정도 프리 스쿨처럼 아이를 돌봐주는 곳을 찾았다. 비용은 예상보다 비싸기는 했지만, 시설도 훌륭하고 아이들을 봐주는 선생님도 여러 명이라서 2주일 동안 보내기로 했다.

며칠 후 통학 차에서 내리는 아이들의 손에는 알록달록한 색종이로 만든 바람개비가 하나씩 들려 있었다. 선생님 말씀으로는 그날 아이들이 선생님과 함께 그 바람개비를 만들었다는 것이다. 그런데 아이들은 그것이 어떻게 가지고 노는 장난감인지 감을 잡지 못하는 듯했다. 바람개비 쥔 손을 마구 흔들 뿐 그것을 돌리는 방법을 몰랐다. 아마도 선생님은 그날 그 바람개비를 아이들에게 만들어주는 것을 목표로 했던 모양이다. 정교한 가위질이라든가 나무젓가락의 중심에 제대로 꽂힌 핀을 보건대, 그것은 아이들의 솜씨가 아닌 선생님의 솜씨인 것이 분명했다.

아이들은 바람이 무엇인지에 대한 개념이 없었다. 선생님이 바람에 대한 개념을 먼저 아이들에게 이해시킨 다음, 바람개비를 만들게 했더라면 어땠을까? 이때 바람에 대한 개념은 별것 아니다. 바람이 공기의 흐름이며, 우리의 입에서 나오는 것도 바람이고, 우리가 앞으로 달려가면 우리 얼굴에 부딪히는 공기가 바람이 된다는 것 정도면 이 나이의 아이들에게 충분하다. 이런 개념화 과정은 하나도 없이 선생님이 아이들의 바람개비를 대신 만들어줬으니, 아이들은 흥미를 느끼지 못했다.

자신이 관심 있어 하는 분야나 문제로 인식하는 것이 있다면 자료를 모아야 한다. 직접 경험할 수 있다면 가장 좋겠지만, 일단은 접할 수 있는 모든 자료를 모아야 한다. 이때 자료를 수집하면서 나름대로 개념화해야 한다. 제갈량이 형세를 알고자 했던 일이 무엇이었던가? 위촉오 삼국이 서로 싸울 수밖에 없는 형국이니, 그 싸움에서 이기기 위한 병법을 연구했다. 게다가 병법을 구사하기 위해서 부수적으로 필요하다고 여긴 천문과 지리를 공부했다. 어떻게 공부했을까? 그것을 제대로 이해한 다음, 주제별로 조목조목 개념화했을 것이다. 그 개념들을 차곡차곡 자신의 기억 속에 담아 놓았다. 드디어 서기 208년 동짓날. 10만의 촉오 연합군은 남동풍을 이용한 화공으로 80만 대군의 조조 군대를 궤멸시키는 적벽대전의 승리를 만들어냈다.

해결해야 할 대상이 되는 문제와 연관된 정보와 지식을 개념화하는 것은 아이디어 발상을 위한 주요한 준비가 된다. 역사를 되돌아보면, 이 개념화가 매우 잘 됐던 사람들은 주로 탁월한 전략을 구사한 군인들이 많았다. 1789년 프랑스혁명 이후 수많은 전투에서 승리하면서 프랑스 황제의 지위에 오른 나폴레옹 보나파르트 도 그중 한 사람이다. 그를 일컬어 천재적인 군사적 재능을 타고났다고 하지만, 필자의 생각은 좀 다르다. 군사적 재능이라는 것이 무엇을 말하는가? 그의 여러 전기에 의하면 브리엔 군사학교 시절부터 나폴레옹은 고대부터 시작된 모든 전쟁에 관심이 있었다. 특히 유명한 전투들의 전략에 비상한 애착이 있어서, 각 전투에서의 양쪽 진영의 전략을 요약하여 술술 외울 정도였다고 한다. 그만큼 고대부터의 모든 전투에 대한 개념화가 잘 되어 있었던 것이다. 그래서 그가 사령관이 돼서 전투를 치를 때마다 상황이 비슷한 과거의 전투를 기억하여 새로운 전략을 만들어냈던 것이 아닐까?

제2차 세계대전의 영웅들이라고 하면 노르망디 상륙 작전을 지휘했던 조지 패튼 장군과 6.25 전쟁에서 기상천외한 인천상륙작전을 성공시켰던 더글러스 맥아더 장군이 기억난다. 두 상륙 작전 모두 기발한 아이디어라고 말할 수 있다. 이 탁월한 전략이 나올 수 있었던 배경은 미국의 육군 사관학교인 웨스트포인트에서의 교육의 영향이 크다고 생각된다. 패튼과 맥아더 두 사람 모두 사관학교 시절 성적이 우수했으며, 두 사람 모두 전술과 전략 과목의 성적이 뛰어났다고 한다. 그만큼 전술과 전략에 대해서 다양한 개념화가 학창 시절부터 만들어졌던 것이라 짐작된다.

비즈니스 영역, 특히 새로운 기업의 창업에서도 이 개념화가 영향을 미치는 것 같다. 필자는 창업도 탁월한 아이디어의 결과라고 믿는다. 다시 테슬라의 일론 머스크 사례를 들여다보자. 그가 창업할 때는 거창한 명분에서 시작한다. 로켓으로 우주 운송 사업을 하는 스페이스X를 창업할 때는 오염으로 인류가 생존이 불가능해질 지구를 떠나서 화성으로 인류를 이주시킨다는 황당한 명분으로 시

아이디어 1퍼센트의 법칙

작했다. 테슬라의 시작도 기후 변화를 전기차 운행으로 최소화한다는 거대한 목표가 있었다. 2017년에 뇌신경과학 회사인 뉴럴링크(Neuralink)도 인공지능의 위협에 맞서서 인간의 지능을 탁월하게 끌어올리자는 목표로 창업했다. 머스크에게는 인류나 지구를 위한다는 거대한 명분이나 기업을 키워나가는 방식도 이미 개념화되어 있다. 목표는 거창하고, 아주 혁신적이라는 것이다. 실패를 용인하고 실패에서 아이디어를 찾아낸다. 세 개의 각기 다른 기업이지만 본질적인 경영의 '개념'은 필자의 눈에는 동일하게 보인다.

한국에서 두 번의 연속적인 창업에서 대박을 일궈낸 카카오의 김범수 회장도 좋은 사례가 된다. 김 회장이 창업했던 한게임이든 카카오든 필자의 눈에는 같은 개념에서의 아이디어 발상과 실행 전략의 결과로 보인다. 김 회장은 인터넷의 본질을 제대로 파악하여 개념화했다. 그가 어느 인터뷰에서 했던 말이 있다.

— 인터넷은 사람이 모이면 돈이 된다.

그는 철저하게 이것을 전략화했다. 한게임의 성공은 국민 게임이 된 한게임 고스톱 같은 우수한 게임들도 있었지만, 무엇보다도 네이버와의 전격적인 합병 덕분이다. 네이버 사용자를 전격적으로 유입하면서 시장 선점에 성공했기 때문이다. 카카오를 인수하고도 같은 개념을 적용한 것이다. 누구보다 모바일 메신저 시장에 빨리 뛰어들었지만, 카카오톡 문자 메신저를 무료로 무한 제공하면서 순식간에 전 국민을 사용자로 끌어들였다. 사람들이 모이게 만들어놓고, 그 이후에 느긋하게 수익 창출을 실현한다. 물론 그의 담대한 실행력이 뒷받침된 것이지만 사업에 대한 그의 '개념'에서 모든 아이디어가 비롯되었다.

② 아이디어 발상 단계

하늘에서 툭 떨어지는 아이디어는 없다. 한 번이라도 내 머리를 스쳤던 개념에서 반자동으로 일궈낸다. 아이디어 발상은 결과로 알아차리기 때문에 발상의 단계를 구분하기가 쉽지 않으나, 훈련의 목적상 프로세스화 해보았다. 처음에는 의도적으로 이 프로세스에 맞추어 훈련하다 보면 어느 순간 발상에 이를 것이다.

주로 창업과 기업 경영에 관한 것을 이 책에서 다루는데, 기업 같은 조직에서 아이디어 발상을 필자가 실제로 시도해보고 효과를 보았던 것을 기술하고자 노력했다. 가장 중요한 내용이므로 이 책의 가장 앞부분인 Part 1에서 다루고 있다.

③ 아이디어 실행 단계

아이디어는 실행해서 성공하기 전까지는 죄인이다. 실행조차 되지 못한 아이디어는 쓰레기로 취급 받는다. 문제를 해결하기 위한 아이디어가 떠올랐다 해도, 그 실행은 또 다른 문제의 연속이다. 성공을 위해서는 실행을 위한 아이디어도 필요하다. 전쟁에 있어서 전략과 같은 개념이다. 아무리 아이디어가 좋다고 해도 전략적으로 실행하지 못하면, 99% 실패한다.

베스트셀러를 여러 번 출간한 유명한 소설가와 대화를 나눠본 적이 있다. 소설은 그 착상부터 아이디어로 시작하여 주제를 정하며, 등장인물도 만들고, 자료를 다 수집한 이후에도 페이지마다 아이디어가 있어야 써나갈 수 있다고 한다. 이 소설가가 말하는 매 페이지의 아이디어가 바로 실행 단계에서의 아이디어와 같은 것이 아닐까 생각한다.

Part 2에서는 실제 필자가 벤처 기업을 경영하면서 겪었던 이야기와 유명한 기업들의 경영 사례를 아이디어 실행의 관점에서 자세히 분석하면서 스토리로 만들어보았다.

실리콘밸리의 요즘 아이디어들

요즘은 개발자 회의가 시대의 흐름을 이끈다. 그 유명한 애플의 창업자 스티브 잡스가 매년 애플의 개발자 회의에서 연설하던 키노트 연설은 그 어떤 이벤트보다 파격적이었고 인상적이었다. 필자도 아이폰의 새로운 모델 출시의 정보를 듣기 위해서, 온라인으로 이 발표를 들었던 기억이 생생하다.

2023년 3월 27일 개최됐던 GTC 2023은 'GPU Technology Conference'로 GPU 제조업체로 유명한 앤비디아(NVIDIA)가 매년 개최하는 행사다. 창업자이자 현 CEO인 젠슨 황(Jensen Huang)의 키노트 연설은 과거 스티브 잡스의 그것만큼이나 인기가 있다. GTC 2023에선 생성 인공지능과 메타버스, 대형 언어 모델(LLM), 로보틱스, 클라우드 컴퓨팅 등의 최신 발전을 다뤘다. 젠슨 황은 "AI 역사상 지금이 가장 놀라운 순간"이라며 "새로운 AI 기술이 과학과 산업을 변화시키고 수천 개의 신생 기업을 위한 새로운 지평을 열고 있다. 이것은 우리의 가장 중요한 GTC가 될 것"이라고 말했다.

온라인으로 GTC 2023을 청취하던 필자는 놀라운 소식을 듣고는 만감이 교차하며 회상 속으로 빠져들었다.

조이 시티의 꿈

메타버스는 사회적 활동이나 경제적 활동이 가능한 3차원 가상 공간을 의미하는, 지금도 최첨단에 속하는 기술적 용어다. 새로운 밀레니엄이 다가오던 20여 년 전, 필자는 아내와 함께 창업을 준비하고 있었다. 수년간 컴퓨터 그래픽 학원을 운영하면서 3차원 그래픽 기술을 습득한 직원들과 함께 '즐거움이 가득한 3차원 가상세계' 구현을 목표로 회사를 창업했다. 그래서 회사 이름도 JCEntertainment였고, JC는 바로 'Joy City' 즉, '즐거움이 넘치는 도시'로 정했다.

인터넷 붐이 밀려오던 때였으나 역시 창업은 고난의 연속이었다. 각고의 노력으로 회사의 모든 자원을 동원하면서 3차원 가상 공간을 구현했으나, 그 가상공간에서 무엇을 해야 하는지에 대한 아이디어가 도무지 잡히지 않는 것이었다. 간단한 채팅 기능을 집어넣어서 가상공간 내에서의 아바타 채팅을 유도했으나, 채팅이라면 간편한 채팅 사이트가 더욱 효율적이지 구태여 우리의 가상공간을 찾을 필요가 없었다. 그래서 가상공간 내에서 온라인 백화점을 구축했다. 이제 쇼핑도 온라인으로 할 수 있다는 가능성은 보여줬으나, 그렇다고 당장 이 가상공간에 들어와서 물건을 사겠다는 사람들은 없었다. 그러면서 초기의 투자금은 바닥이 나고 아무리 궁리해봐도 이 3차원 가상공간의 활용 아이디어는 떠오르지 않았다. 망하기 직전의 회사는 생존하기 위해서 온라인 게임 개발로 방향을 선회할 수밖에 없었다.

메타버스와 디지털 트윈이 함께하는 아이디어

필자가 다소 복잡해보이는 이 두 가지 기술적 용어를 언급하는 이유가 있다. 바로 2023년 3월 27일 엔비디아의 GTC 2023에서 들었던, 자동차 회사인 BMW와 엔비디아의 협업에 관한 프로젝트 때문이다. '엔비디아의 옴니버스'는 엔비디아가 제공하는 가상공간을 제작하는 소프트웨어 툴이다. 그런데 여기에는 PhysX라는 물리엔진 소프트웨어가 장착이 돼있어서 현실 공간에서처럼 물리학 법칙이 적용된다. 이 말은 물건이 떨어지면 부서지고, 힘을 받으면 그 방향으로 이동할 수 있다는 의미다.

BMW는 잘 아시다시피 독일의 자동차 제조회사다. 이 자동차 회사가 자동차를 만드는 제조 설비를 만들기 전에 옴니버스를 이용하여, 가상의 제조 설비를 미리 만들어보는 것이다. 그래서 이 옴니버스 상의 가상 제조 설비에서 자동차 제조의 모든 공정을 테스트해본 후에 실제 공장을 짓는 것이다. 자동차 회사에서 새로운 공정 설비를 설계하는 것은 대단히 복잡하고 어려운 일이다. 한 번 지어진 라인을 수정하는 것도 비용과 시간이 엄청나게 소요된다. 만약 이 복잡한 설계를 완벽하게 시뮬레이션할 수 있다면, 비용 절감은 물론 신차 개발과 생산의 프로세스를 획기적으로 단축할 수 있다. 자동차 제조회사로서는 굉장한 경쟁력이 생긴다.

다시 앞에서 언급한 조이시티로 돌아가보자. 우리는 3차원 가상공간은 만들었지만, 그곳에서 수행해야 할 가치 있는 활동을 만들어내는 것에 실패했다. 디지털 트윈 프로젝트는 대상이 되는 비행기나 발전기 엔진의 완벽한 시뮬레이터가 아직은 존재하지 않기 때문에 그 위대한 아이디어가 성공할 수 없었다.

그런데 옴니버스 프로젝트는 메타버스의 3차원 세계를 이용하면서, 완벽한 물리 엔진으로 이용하여 공정 프로세스를 테스트하는 일을 해본 것이다. 만약 옴니버스 상에서 비행기 엔진을 시뮬레이션하는 일을 해보았다면 분명히 실패했을 것이다. 아직 비행기 엔진을 완벽하게 시뮬레이션하는 디지털 트윈 소프트웨어는 만들어지지 않았기 때문이다. 하지만, 공정 설비를 수정 보완하는 시뮬레이션은 현재 물리 엔진만으로 충분히 가능한 일이었다.

GTC 시연에서 보이는 동영상을 보면서, 지난 수십 년 동안 수많은 회사에 의해 가능성만 안겨준 메타버스가 처음으로 가치 있는 일에 적용된다는 것을 절감할 수 있었다. 발표에 의하면 이미 엔비디아는 이 옴니버스 툴을 이용하여 산업 디지털화 플랫폼을 꿈꾸고 있다. 앞으로 84개의 신규 반도체 웨이퍼 공장을 구축하고, 자동차 업계에는 2030년까지 300개의 공장을 신규 건설하며, 100개 이상의 배터리 공장도 구축할 것이라고 한다. 바야흐로 메타버스의 새로운 시대가 열리고 있다. 얼마나 실용적이고 생산적인 아이디어인가?

뇌와 컴퓨터의 접목. 일론 머스크의 색다른 아이디어

일설에 의하면, 2016년 바둑 인공지능인 알파고가 당대 최고의 인간 바둑기사인 이세돌을 격파하는 것을 본 일론 머스크는 극심한 공포에 휩싸였다고 한다. 머스크는 발전하는 인공지능에 지배당하지 않고 공생하기 위해 컴퓨터와 두뇌를 연결해 인간이 더 높은 수준의 지능을 가질 수 있어야 한다고 주장했다. 지금처럼 인간이 스마트폰이나 컴퓨터 자판을 두드리는 속도로는 AI의 빛처럼 빠른 정보 처리 속도를 당해낼 수 없으므로 아예 뇌를 컴퓨터화해 AI와 맞서야 한다는 것이다. 그래서 인간의 지능 강화에 관한 연구를 위해서 앞서 언급한 뇌-컴퓨터 인터페이스(BCI) 전문 스타트업 뉴럴링크를 2016년 7월에 창업했다. 뉴럴링크는 거동이 불편한 환자의 뇌에 칩을 이식해 생각만으로 컴퓨터 사용이 가능하게 하는 기술을 개발하고 있으며, 2023년 5월 미국 식품의약국(FDA)의 임상 시험을 승인 받아서 약 3,700억 원 규모의 투자도 유치했다고 한다.

뉴럴링크는 인간의 두뇌가 컴퓨터나 기계에 연결될 수 있도록 하는 특수한 마이크로 칩과 유연한 섬유 전극을 개발했으며, 생각을 업로드하거나 다운로드하는 작은 전극을 뇌에 이식하는 이른바 '신경 레이스(Neural Race, 전자그물망)' 기술을 개발하여 생각을 업로드하고 다운로드할 수 있는 작은 전극을 뇌에 이식하는 것을 목표로 삼고 있다.

신경 레이스 기술은 뇌 신경계가 혈관을 통해서 영양분과 산소를 공급받는다는 것에 착안했다. 혈관을 통해서 들어가면, 인간의 대뇌 신경 조직까지 접근이 가능할 것으로 보았다. 즉, 혈관을 통해서 액체 상태의 전자 그물망을 주입한다. 이 액상의 신경 레이스가 대뇌피질에 도달하면 신경세포 사이로 최대 30배 펼쳐진다. 그러면 뇌의 신경세포들이 활동하면서 나오는 신호를 이 전자 그물망들이 받는다는 것이다.

필요한 능력을 심어놓은 칩을 통해서 업그레이드할 수 있다. 새로운 언어가 필요하면 그때 두뇌로 다운로드하여 해당 언어를 구사할 수 있다. 운전을 전혀 배우지 않은 사람이라도 운전 능력을 다운로드 해놓으면, 바로 운전할 수 있다. 나아가서 치매가 두려운 사람들은 칩을 통해서 자신의 기억을 서버에 업로드했다가, 치매 이후에 다시 자신의 뇌로 다운로드하면 이전의 기억이 되살아난다. 문제는 아직 인간 뇌에 관해서 전체적으로 연구가 부족하다는 것이다.

인간의 뇌와 컴퓨터를 연결하는 기술

2017년 3월 28일 〈전자신문〉 기사에 따르면 뉴럴링크의 첫 제품은 뇌전증과 우울증을 치료할 수 있는 뇌 삽입형 전극일 거라고 한다. 이미 파킨슨병에 치료용 전극을 뇌에 삽입한다. 그다음 단계가 바로 '뇌성형 수술(앞에서 설명한)'일 것이다.

인간의 뇌를 연구해서 사업화하자는 생각은 일론 머스크만의 아이디어는 아닌 것 같다. 페이팔 마피아로 유명한 피터 틸까지 블랙락 뉴로테크(Blackrock Neurotech)라는 회사를 만들었다고 한다. 금세기 최고의 두 미다스의 손들이 나서는 것을 보면, 이 뇌 관련 사업이 화성을 식민지로 만드는 것보다는 빨리 이루어질 것 같다. 그러나 최근 뉴스를 보면 인간의 생명과 연관되고 기초 뇌과학 연구에 의존해야 하는 사업은 역시 시간이 오래 걸리는 듯하다. 얼마 전 뉴럴링크에서 원숭이를 대상으로 한 뇌성형술 실험에서 많은 원숭이가 죽은 모양이다. 이 연구를 총괄했던 사람까지 회사를 그만뒀다고 하니 아무리 뚝심의 일론 머스크라 하더라도 난감할 듯하다.

이퓨얼, 탄소 중립 연료의 출현

테슬라가 전기자동차의 상용화에 성공하면서 기존의 자동차 강국인 유럽은 사실 골치가 아플 것이다. 테슬라는 전기 자동차뿐 아니라, 인공지능을 이용한 자율주행차나 자동차 공장의 스마트 공정에서 앞서 나가고 있다. 전 세계 모든 자동차 회사가 이 추세를 따라잡기 위해서 너도나도 테슬라를 따라 하고 이 현상을 꼬집어 '테슬라피케이션'이라고 한다.

최근에 이퓨얼이라는 새로운 연료가 출현하면서 전기자동차로 몰아가는 일론 머스크에게 유럽의 자동차 회사들이 반항하는 듯한 모습이 재미있다. 이퓨얼(e-fuel, 전기 연료의 줄임말)이라는 연료는 최근에 만들어진 것이 아니다. 이 아이디어는 오래전 제2차 세계대전 당시에 독일에서 만들어졌으나, 그동안 생산 비용이 많이 들어서 이용하지 못하다가 최근에 이 아이디어가 다시 나온 것이다.

이 연료는 물을 전기분해하여 얻은 깨끗한 그린수소를 만든다. 공기 중에서 탄소를 포집하여 이 그린수소와 결합을 하면 이퓨얼이 된다. 이것은 황이나 납 같은 불순물이 없다. 완전 연소율이 높아서 탄소 배출량이 기존의 휘발유나 경유보다 현저히 낮다. 약 20~40% 정도라고 한다. 이 연료를 이용하는 자동차에서 이 정도의 탄소는 배출되는 것이다. 그러나 이 연료를 만드는 과정에서 탄소가 포집되므로 에너지 이용의 전 주기로 보면 탄소 배출량이 0, 즉 탄소 중립이 된다. 이퓨얼은 화석연료를 사용하던 내연기관이나 제트엔진, 보일러 기기 등에 그대로 적용하여 사용하는 것이 가능하다고 한다. 즉, 기존의 자동차·선박·항공기와 건설기계 등에 널리 활용하고, 주유 인프라 등을 그대로 사용할 수 있다. 유럽연합에서는 2035년부터는 가솔린차나 경유차를 아예 판매할 수 없다는 규정을 만들었다. 그러나 이퓨얼을 사용하는 내연 기관차들은 예외가 된다고 하니 새로운 돌파구가 생긴 셈이다.

이 아이디어가 재미있는 것은 기존의 내연 기관에서 그대로 이퓨얼을 사용할 수 있다는 것이다. 이미 포르쉐 자동차에서는 경주용차에 이퓨얼을 넣어서 시험 운용을 하고 있다고 한다. 특히 비행기 엔진의 경우 이퓨얼의 장점은 대단히 크다. 비행기를 전기 배터리를 이용하려고 하면, 전기 에너지 자체의 에너지 밀도가 낮아서 상대적으로 큰 용량의 배터리를 장착해야 한다. 그러면 하중이 많이 나가서 실용화할 수 없다. 엔진을 바꾸는 것이 아니라 연료를 바꿔 버리는 이 아이디어가 반갑지 않을 수 없다. 기존의 차량이나 선박에서도 기존 엔진 그대로 사용할 수가 있다. 특히 군사용 차량에서는 전기배터리를 사용하는 경우 전자기파로 전자기기를 무력화시키는 EMP 폭탄에 노출될 우려가 큰데, 전기차가 아닌 기존의 차량을 그대로 사용할 수 있어서 좋다. 프리미엄 자동차의 대명사인 포르쉐는 이미 칠레에 풍력 발전소를 세우고, 이퓨얼 공장을 가동 중이다. 테슬러피케이션에 밀리던 유럽의 자동차 회사들이 이퓨얼 생산에 적극적으로 투자하고 있으며, 우리나라의 현대차도 이미 이퓨얼에 투자를 시작했다고 한다.

이퓨얼은 현 기술 수준에서는 에너지 효율이 낮고, 제조 공정이 복잡하며 생산설비 구축에 엄청난 비용이 필요해서 제조원가가 높아 경제성이 떨어진다. 따라서 생산 원가를 낮춰야 하는 것이 과제이며 전기자동차도 생산 원가를 더 낮춰야 대중화를 선점할 수 있다. 이들의 아이디어 싸움이 더욱 흥미로워질 것 같다.

성공한 아이디어는 어떻게 탄생하고 실행됐을까

아이디어 1퍼센트의 법칙

제1판 1쇄 인쇄 | 2023년 11월 13일
제1판 1쇄 발행 | 2023년 11월 20일

지은이 | 백일승
펴낸이 | 김수언
펴낸곳 | 한국경제신문 한경BP
책임편집 | 윤효진
외주편집 | 배민수
저작권 | 백상아
홍　보 | 서은실·이여진·박도현
마케팅 | 김규형·정우연
디자인 | 권석중
본문디자인 | 디자인 현

주　소 | 서울특별시 중구 청파로 463
기획출판팀 | 02-3604-590, 584
영업마케팅팀 | 02-3604-595, 562　FAX | 02-3604-599
H | http://bp.hankyung.com　E | bp@hankyung.com
F | www.facebook.com/hankyungbp
등　록 | 제 2-315(1967. 5. 15)

ISBN 978-89-475-4927-1　03320

책값은 뒤표지에 있습니다.
잘못 만들어진 책은 구입처에서 바꿔드립니다.